改訂版発刊にあたって

　本書は平成26年（2014年）9月に交際費課税制度全般に係る基本的、実務的な解説書として刊行したものです。

　その後、交際費課税制度について、接待飲食費における5,000円基準から10,000円基準への改正、接待飲食費の2分の1損金算入制度適用対象法人の制限等の改正が行われています。また、消費税等におけるインボイス制度導入により、交際費等の額の算定にも影響が生じるようになりました。

　今回の改訂版では、これらの制度改正に伴う改訂や補正を行うとともに、新たな事例を10問加えることとし、書籍の題名も「新版　厳選110問　交際費等の税務」と改めました。

　前書と同じく、本書が交際費等に係る税務処理や税務調査に携わる方々のために少しでもお役に立てば幸いです。

　最後に、本書の出版に当たりお世話をいただきました清文社編集第一部の藤城菜摘氏はじめ編集部の皆様に厚く御礼申し上げます。

　令和6年10月

税理士　岸田光正

はじめに（初版）

　交際費等は、その処理につき誤りが多く、また誤りがあれば、直ちに所得金額に影響を及ぼす場合が多いことから、税務調査においても必ずといってよいほど調査の対象になるという重要度の高い項目です。

　加えて、ある支出が交際費等に該当するかどうか、すなわち、接待・供応・慰安・贈答等のために支出した費用に該当するかどうか、あるいは、支出先が事業に関係する者かどうか、などという点については、その判断に迷うケースも多く見受けられます。

　そこで、本書では、交際費等の範囲、支出の相手方、損金不算入額の計算、他科目との区分、5,000円基準の適用など、交際費等を処理する際に誤りやすい項目や、税務調査において問題となりやすい事例を100問取り上げ、Ｑ＆Ａ形式で解説しています。

　また、平成26年度の改正により創設された、接待飲食費の額の50％損金算入制度に係る事例も取り上げ、制度の概要と実務のポイントを解説しています。

　本書が、少しでも税務に携わっておられる方々のお役にたてば幸いです。

　最後に、本書の刊行に際しましては、税理士の佐々木栄美子氏に大変お世話になりました。厚く御礼申し上げます。

平成26年8月

税理士　岸田光正

目次

第1章 総論

- 1-1 交際費課税制度の趣旨 …………………………… 2
- 1-2 交際費等の範囲 ……………………………………… 4
- 1-3 少額な物品の贈答費用 …………………………… 9
- 1-4 事業関係者の範囲 ………………………………… 12
- 1-5 損金算入が認められる金額 ……………………… 14

第2章 交際費等の金額

- 2-1 パーティーでご祝儀をもらった場合 …………… 18
- 2-2 観光地で会議を開いた場合 ……………………… 20
- 2-3 自社の飲食店で接待を行った場合 ……………… 22
- 2-4 含み損のある絵画を贈答した場合 ……………… 24
- 2-5 交際費等の額に係る消費税等の取扱い ………… 26
- 2-6 インボイス発行事業者でない飲食店に飲食代を支払った場合 ……………………………………… 28
- 2-7 消費税等が課税されない交際費等 ……………… 31
- 2-8 固定資産の取得価額に含まれる交際費等(1) …… 33
- 2-9 固定資産の取得価額に含まれる交際費等(2)
  ―税務調査による指摘を受けた場合― ………… 36

第3章 各勘定科目と交際費等

寄附金

3－1	地域の老人ホーム住人の招待費用	40
3－2	神社に対する寄贈費用	42
3－3	政治家主催のパーティー券購入費用	44

売上割戻し

3－4	物品による売上割戻し	46
3－5	商品券による売上割戻し	48
3－6	割戻金を招待旅行費用として積み立てた場合	50
3－7	割戻率に差がある場合	52

販売促進費

3－8	販売促進のための販売奨励金	54
3－9	交際費等の負担額として交付される奨励金	56
3－10	特約店のセールスマンに対する販売奨励金	58
3－11	特約店の従業員に対する販売奨励金	60
3－12	交際費等にならない景品付販売	62
3－13	交際費等にならない景品引換券付販売	64
3－14	模型の交付費用	66

情報提供料

3－15	情報提供料が交際費等とされないための3つの要件	68
3－16	事前の契約の有無	70

広告宣伝費

3－17	広告宣伝費の範囲	72
3－18	カレンダー、手帳等の配付費用	74
3－19	社名入り図書カードの配付費用	76

3-20	得意先を対象としたキャンペーン費用 …………	78
3-21	得意先を工場見学に招待する費用 …………	80
3-22	製品見本として自社製品を贈呈する費用 …………	82
3-23	広告宣伝用資産の寄贈費用 …………	84
3-24	モニターの活動に対する費用 …………	86

福利厚生費

3-25	慶弔規定がないにもかかわらず支出された慶弔金 ……	88
3-26	創立50周年に当たり支給する記念品 …………	90
3-27	社葬費用 …………	92
3-28	代理店従業員に係る健康診断費用の負担 …………	95
3-29	下請企業の従業員に対する見舞金 …………	97

給　与

| 3-30 | 専務の結婚披露宴費用の会社負担 ………… | 99 |
| 3-31 | 役員や従業員に支給する渡切交際費 ………… | 102 |

会議費

| 3-32 | 交際費等にならない会議費の範囲 ………… | 104 |
| 3-33 | 座談会における食事代 ………… | 106 |

会　費

3-34	ゴルフクラブの入会金 …………	108
3-35	ゴルフクラブの名義書換料、年会費等 …………	110
3-36	ゴルフ会員権の譲渡損 …………	112
3-37	ロータリークラブの入会金、会費 …………	114
3-38	親睦団体の会費 …………	116
3-39	社交団体の入会金等の法人負担 …………	118

旅費交通費

| 3-40 | 接待に係るタクシー代 ………… | 120 |
| 3-41 | 接待を受けるためのタクシー代 ………… | 122 |

租税公課
- 3-42 交際費等に該当する租税公課 …………………… 124
- 3-43 控除対象外消費税額等に係る交際費等 ………… 126

補償金等
- 3-44 日照権侵害に対する補償金 …………………… 129
- 3-45 地元商店街に対する営業補償金 ………………… 131

災害関連費用
- 3-46 災害の場合の取引先に対する売掛債権の免除 ……… 133
- 3-47 取引先に対する災害見舞金の支出 ……………… 135
- 3-48 被災した得意先従業員が避難している避難所への自社製品の提供 …………………… 137

その他
- 3-49 接待用の固定資産に係る減価償却費 ……………… 139
- 3-50 株主優待券発行に係る費用 …………………… 141
- 3-51 談合金の支出 …………………… 143
- 3-52 不正加担料の損金不算入 ………………… 145

第4章 交際費等における10,000円基準

概要
- 4-1 5,000円基準の改正 …………………… 148
- 4-2 10,000円基準の概要 …………………… 150
- 4-3 1人当たりの飲食費が10,000円を超える場合 ……… 153
- 4-4 帳簿書類への記載事項 …………………… 155
- 4-5 保存書類の具体的な記載例 …………………… 157

飲食費の範囲

- 4－6　物品の贈答費用 …………………………………… 159
- 4－7　弁当の差入れ費用 …………………………………… 161
- 4－8　手土産代の取扱い …………………………………… 163
- 4－9　屋形船での飲食接待 ………………………………… 165
- 4－10　ゴルフ場での接待に際しての飲食費 …………… 167
- 4－11　飲食費相当額の負担 ……………………………… 169

社内飲食費の範囲

- 4－12　親会社の役員等を接待した場合 ………………… 171
- 4－13　得意先1人を多人数で接待した場合 …………… 173
- 4－14　パーティーへの参加費用 ………………………… 175

1人当たり10,000円以下の判定

- 4－15　食事代と共に支払うサービス料や部屋代 ……… 177
- 4－16　1次会と2次会の費用 …………………………… 179
- 4－17　10,000円基準が適用される飲食接待に伴って支出された
タクシー代 ……………………………………… 181
- 4－18　1人当たりの飲食費の算定 ……………………… 183
- 4－19　1人当たり10,000円超部分の個人負担 ………… 185
- 4－20　1人当たり10,000円超の会議費 ………………… 187
- 4－21　消費税等の額の取扱い …………………………… 189
- 4－22　インボイス発行事業者でない飲食店に飲食代を支払った
場合における10,000円基準の適用 ……………… 191

第5章 接待飲食費の50％損金算入

総　論
- 5－1　接待飲食費の50％損金算入制度の概要 …………… 196
- 5－2　事業年度ごとの選択 …………………………………… 198
- 5－3　年800万円の定額控除との選択 ……………………… 200
- 5－4　10,000円基準との関係 ………………………………… 202

接待飲食費の範囲
- 5－5　接待飲食費の範囲 ……………………………………… 204
- 5－6　接待飲食費に該当しない費用 ………………………… 206
- 5－7　接待飲食費に係る控除対象外消費税額等 …………… 208
- 5－8　社内飲食費の範囲 ……………………………………… 210
- 5－9　出向者に対する飲食費 ………………………………… 212
- 5－10　帳簿書類の記載事項 …………………………………… 214

修正申告、更正の請求
- 5－11　税務調査により接待飲食費の額が増加した場合の修正申告額 ……………………………………………………… 216
- 5－12　更正の請求 ……………………………………………… 218

第6章 使途秘匿金

- 6－1　使途秘匿金課税制度の概要 …………………………… 222
- 6－2　使途秘匿金課税が行われない場合 …………………… 224

6－3	相手先を明らかにしない取引先接待	226
6－4	帳簿書類への記載時期	228
6－5	税務調査による支出先の解明	230
6－6	第三者を通じての支出	232
6－7	仮払金処理した使途秘匿金	234

第7章 判例に係る事例

7－1	ドライブイン事件	238
7－2	英文添削料差額事件（萬有製薬事件）	241
7－3	オートオークション事件	245

《凡例》

本文中の法令・通達等は、下記の略号を用いています。

法法……………………法人税法
法令……………………法人税法施行令
法規……………………法人税法施行規則
法通……………………法人税基本通達
措法……………………租税特別措置法
措令……………………租税特別措置法施行令
措規……………………租税特別措置法施行規則
措通……………………租税特別措置法関係通達（法人税編）
消法……………………消費税法
消費税経理通達……平成元年3月1日直法2-1「消費税法等の施行に伴う法人税の取扱いについて」（法令解釈通達）
通法……………………国税通則法
所通……………………所得税基本通達

（注）本書の内容は、令和6年10月1日現在の法令等によっています。

総 論

1-1 交際費課税制度の趣旨

 交際費等は、一定の損金算入限度額を超える金額について損金不算入とされていますが、この制度が設けられた趣旨について教えてください。

 交際費課税制度の趣旨は、次のとおりです。

解説

　交際費等とは、交際費、接待費、機密費その他の費用で、法人が、その得意先、仕入先その他事業に関係のある者等に対する接待、供応、慰安、贈答その他これらに類する行為のために支出するものをいいます。

　交際費等は、得意先との親睦を深め、取引関係の円滑化・親密化を図り、取引の新規開始や継続・拡大を目的とするための販売促進費そのものであり、本来、損金算入が認められる費用であるといえます。

　しかし、これらの支出が、たとえ企業の販売促進や事業活動に不可欠な費用であるとしても、全額損金算入を認めてしまうと、①役員等に対する給与が交際費等の形で支給される、②役員等の私的関係者を会社の経費で接待する、③事業関係者に対しても事業上の必要を超えた過度の接待をする、というような弊害が生じることが考えられます。さらに、このような企業の多額の交際費等の支出については社会の批判も強くあります。

また、交際費等が損金とされることで法人の税負担が削減されることとなり、法人の所得を容易に個人に移転させることが可能となる一方、接待等により経済的利益を受けた個人に対しその利益を算定し課税することが困難となることも考えられます。
　そこで、このような接待、贈答のための支出という、冗費・濫費の支出を抑制し、企業の資本蓄積が阻害されるのを防止するため、さらには経済の健全な発達のため、交際費等については、原則として損金不算入とされています。
　ただし、中小法人（資本金の額が1億円以下の法人）については、大企業との競争力の違い等を考慮して、大企業（資本金の額が5億円以上の法人）の100％子会社等を除き、現在、年800万円までの金額については損金算入が認められています。
　また、資本金の額が100億円超の法人以外の法人については、接待のための飲食費の額の50％相当額につき損金算入を認めるという措置も講じられています（**1-5**参照）。

【参考法令等】
措法61の4（交際費等の損金不算入）

1−2 交際費等の範囲

 交際費課税の対象となる交際費等の範囲ですが、交際費等に含まれるもの、含まれないものには、どのようなものがあるのでしょうか。

 交際費等に含まれるもの、含まれないものには、次のようなものがあります。

解 説

　交際費等とは、交際費、接待費、機密費その他の費用で、法人が、その得意先、仕入先その他事業に関係のある者等に対する接待、供応、慰安、贈答その他これらに類する行為のために支出するものをいいます。

(1) **交際費等に該当するものの具体例**

　このような交際費等の定義からすると、得意先等に対する、飲食・ゴルフなどによる接待や中元・歳暮、手土産などの物品の贈答のために要する費用はもちろんですが、通達等においては、以下のような費用も交際費等に含まれるとされています。

① 会社の何周年記念又は社屋新築記念における宴会費、交通費及び記念品代並びに新船建造又は土木建築等における進水式、起工式、落成式等におけるこれらの費用

② 下請工場、特約店、代理店等となるため又はするための運動費等の費用
③ 得意先、仕入先等社外の者の慶弔、禍福に際し支出する金品等の費用
④ 得意先、仕入先その他事業に関係のある者等を旅行、観劇等に招待する費用
⑤ 製造業者又は卸売業者がその製品又は商品の卸売業者に対し、その卸売業者が小売業者等を旅行、観劇等に招待する費用の全部又は一部を負担した場合のその負担額
⑥ 総会対策等のために支出する費用で、総会屋等に対して会費、賛助金、寄附金、広告料、購読料等の名目で支出する金品に係るもの
⑦ 建設業者等が高層ビル、マンション等の建設に当たり、周辺の住民の同意を得るために、その住民又はその関係者を旅行、観劇等に招待し、又はこれらの者に酒食を提供した場合におけるこれらの行為のために要した費用
⑧ スーパーマーケット業、百貨店業等を営む法人が既存の商店街等に進出するに当たり、周辺の商店等の同意を得るために支出する運動費等の費用
⑨ 得意先、仕入先等の従業員に対して取引の謝礼等として支出する金品の費用
⑩ 建設業者等が工事の入札等に際して支出するいわゆる談合金その他これに類する費用

(2) **交際費等に該当しないもの**
一方、次のような費用は交際費等には該当しないものとされています。
① 専ら従業員の慰安のために行われる運動会、演芸会、旅行等のために通常要する費用

②　飲食その他これに類する行為（以下「飲食等」といいます。）のために要する費用（いわゆる社内接待費を除きます。）であって、1人当たりの飲食等の額が10,000円以下（令和6年3月31日以前の支出分については5,000円以下）である費用

　なお、この規定は次の事項を記載した書類を保存している場合に限り適用されます。

イ	飲食等の年月日
ロ	飲食等に参加した得意先、仕入先その他事業に関係のある者等の氏名又は名称及びその関係
ハ	飲食等に参加した者の数
ニ	その費用の金額並びに飲食店等の名称及び所在地（店舗がない等の理由で名称又は所在地が明らかでないときは、領収書等に記載された支払先の名称、住所等）
ホ	その他参考となるべき事項

③　カレンダー、手帳、手ぬぐい、その他のこれらに類する物品などを贈与するために通常要する費用

④　会議に関連して、茶菓、弁当その他これらに類する飲食物を供与するために通常要する費用

⑤　新聞、雑誌等の出版物又は放送番組を編集するために行われる座談会その他記事の収集のために、又は放送のための取材に通常要する費用

【その他、交際費に該当しないもの】
　その他、次のような費用も交際費等には該当しないものとされています。

①　事業に直接関係のない者に対する次のような金銭の贈与（原則と

して寄附金に該当）

| イ | 社会事業団体、政治団体に対する拠金 |
| ロ | 神社の祭礼等の寄贈金 |

② 次のような不特定多数の者に対する宣伝的効果を意図した費用

イ	製造業者や卸売業者が、抽選により、一般消費者に対し金品を交付するための費用又は一般消費者を旅行、観劇などに招待するための費用
ロ	製造業者や卸売業者が、金品引換券付販売に伴って一般消費者に金品を交付するための費用
ハ	製造業者や販売業者が、一定の商品を購入する一般消費者を旅行、観劇などに招待することをあらかじめ広告宣伝し、その商品を購入した一般消費者を招待するための費用
ニ	小売業者が商品を購入した一般消費者に対し景品を交付するための費用
ホ	一般の工場見学者などに製品の試飲、試食をさせるための費用
ヘ	得意先などに対して見本品や試用品を提供するために通常要する費用
ト	製造業者や卸売業者が、一般消費者に対して自己の製品や取扱商品に関してのモニターやアンケートを依頼した場合に、その謝礼として金品を交付するための費用

③ 社内の行事に際して支出される次のような費用

| イ | 創立記念日、国民の祝日、新社屋の落成式などに際し、従業員におおむね一律に、社内において供与される通常の飲食に要する費用 |
| ロ | 従業員等（従業員等であった者を含む。）又はその親族等の慶弔、禍福に際して、一定の基準に従って支給される金品に要する費用（例えば、結婚祝、出産祝、香典、病気見舞いなど） |

④ 従業員等に対して支給する次のような給与の性質を有する費用

イ	常時支給される昼食等の費用
ロ	自社の製品、商品等を原価以下で従業員等に販売した場合の原価に達するまでの費用
ハ	機密費、接待費、交際費、旅費等の名義で支給されたもののうち、その法人の業務のために使用したことが明らかでないもの

【参考法令等】
措法61の4（交際費等の損金不算入）
措令37の5（交際費等の範囲）
措通61の4(1)-2（寄附金と交際費等との区分）
措通61の4(1)-9（広告宣伝費と交際費等との区分）
措通61の4(1)-10（福利厚生費と交際費等との区分）
措通61の4(1)-12（給与等と交際費等との区分）
措通61の4(1)-15（交際費等に含まれる費用の例示）

第1章　総論

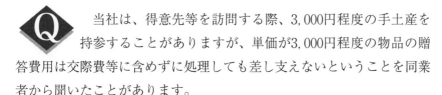

少額な物品の贈答費用

Q 当社は、得意先等を訪問する際、3,000円程度の手土産を持参することがありますが、単価が3,000円程度の物品の贈答費用は交際費等に含めずに処理しても差し支えないということを同業者から聞いたことがあります。

そこで、このような手土産や中元歳暮の物品のうち、単価3,000円程度以下のものを交際費等から除いて申告したいのですが可能でしょうか。

 おおむね3,000円程度の物品の贈答費用を交際費等から除外できるという規定はなく、これらの物品贈答費用は交際費等に該当します。

解　説

得意先等の事業関係者に対し、物品等を贈答する費用は交際費等に該当します。

よく、単価が3,000円程度の物品の贈答費用は交際費等に含めずに処理してもよいなどという話を聞くことがあります。以前は、運用上そのような処理が認められていた時期があったようですが、現在はそのような取扱いは認められていません。

物品の贈答費用についての少額基準はなく、法令等で少額基準が設けられているのは、飲食費に係る10,000円基準、物品による売上割戻しや

景品引換券付販売における3,000円基準があるだけです。

　したがって、本事例のような物品の贈答費用は、たとえその単価が3,000円以下であったとしても交際費等として処理する必要があります。

【参考法令等】
措法61の4（交際費等の損金不算入）
措令37の5（交際費等の範囲）
措通61の4⑴-4（売上割戻し等と同一の基準により物品を交付し又は旅行、観劇等に招待する費用）
措通61の4⑴-5（景品引換券付販売等により得意先に対して交付する景品の費用）

　以前は、各国税局において、次ページの表のような税務調査における抽出基準（調査対象とする基準）が設けられていましたが、現在は廃止されています。

◎各国税局における従来の交際費に関する抽出基準（現在廃止）

局　名	支出内容	抽出基準金額
東京国税局 （調査部）	茶菓の接待費用	抽出しない
	来客食事代	１人当たりおおむね3,000円程度
	得意先訪問等の手土産代	おおむね3,000円程度
	業務に伴う従業員の飲食費	１人当たりおおむね3,000円程度
	慰安のための従業員の飲食費 ①忘年会、新年会、創立記念日等 ②目標達成に際しての飲食	①抽出しない ②１人当たりおおむね3,000円程度
	広告宣伝用物品の贈答費	購入単価がおおむね3,000円程度 （ただし、中元、歳暮の贈答に代えて支出した場合は交際費）
大阪国税局 （調査部）	タクシー代	少なくとも１回の料金が5,000円を下回るものは否認しない
広島国税局 （調査査察部）	すべての支出	１件当たりの支出額が5,000円以下
高松国税局 （調査査察部）	東京国税局（調査部）に同じ	東京国税局（調査部）に同じ

〔「税務行政監察結果報告書」（平成12年11月総務庁行政監察局）より〕

1-4 事業関係者の範囲

Q 当社の社長は営業畑出身ということもあり、営業社員に対する面倒見がよく、ときどき成績優秀な社員や大口の取引をまとめた社員などを3〜4人引き連れ、盛り場の高級クラブで慰労会を行っています。

当期においても、そのような慰労会が度々行われ、年間250万円の費用を支出しています。

当社は、この慰労会の費用を福利厚生費として処理したいのですが可能でしょうか。

A 本事例の場合、従業員という事業関係者を接待したものとされますので、慰労会の費用250万円は交際費等として処理すべきです。

解説

通常、接待等の相手方というと、社外の得意先や仕入先がイメージされます。

しかし、税務上、交際費等における接待等の相手方、すなわち事業関係者は、それよりも範囲がずっと広くなり、得意先や仕入先等の取引に直接関係のある者はもとより、間接的に法人の利害に関係ある者やその法人の役員、従業員、株主、地域住民等もその範囲に含まれる場合があ

ります。

　本事例の場合、特定の従業員を相手に高級クラブで慰労会を実施しており、これは、健康診断や社員旅行などのように、全社員一律でかつ社会通念上福利厚生活動として一般的に行われているものとはほど遠いものです。

　したがって、従業員という事業関係者を対象として接待等を行ったものとされ、交際費等として取り扱われることになります。

【参考法令等】
措法61の4⑥（交際費等の損金不算入）
措令37の5（交際費等の範囲）
措通61の4(1)-22（交際費等の支出の相手方の範囲）

アドバイス　交際費等の場合、その接待等の相手方の範囲は通常のイメージより広く、会社の役員、従業員、株主、地域住民等もその範囲に含まれることがあるということに留意しておく必要があります。

　なお、10,000円基準との関連ですが、本事例における飲食費はいわゆる社内接待費に当たりますので、たとえ1人当たりの飲食費の額が10,000円以下であったとしても交際費等に該当することになります。

1-5 損金算入が認められる金額

 交際費等は原則として、その全額が損金不算入となりますが、一部損金算入が認められている部分もあります。その内容について教えてください。

 支出した交際費等の額のうち、以下の金額については損金算入が認められています。

解説

交際費等については、原則としてその全額が損金不算入額となります。

ただし、資本金の額が1億円以下の中小法人（資本金の額又は出資金の額が5億円以上の法人の100％子法人等は除かれます。）については、交際費等の額のうち年800万円までの金額につき損金算入が認められています。

なお、1人当たり10,000円以下の飲食費（社内飲食費を除きます。）については、一定の事項が記載された書類を保存することを条件として、交際費等の範囲から除かれています。

また、資本金の額又は出資金の額が100億円超の法人以外の法人については、交際費等の額のうち、接待飲食費（社内飲食費は除かれます。）の50％相当額を損金算入するという規定も設けられています（[設例]参照）。

第1章 総論

［設　例］
接待交際費1,000万円（接待飲食費700万円、接待飲食費以外300万円）支出の場合の損金不算入額の計算（資本金1億円超100億円以下の法人等）
　　　・接待飲食費…700万円×50％＝350万円
　　　・接待飲食費以外…300万円×100％＝300万円
　→よって、650万円が損金不算入額となります。

（国税庁「平成26年度　交際費等の損金不算入制度の改正のあらまし」を参考）

【参考法令等】
措法61の4（交際費等の損金不算入）
措令37の5（交際費等の範囲）

15

第2章

交際費等の金額

2−1 パーティーでご祝儀をもらった場合

　　当社は、創立10周年を迎えるに当たり、日頃の感謝もこめて、主要得意先、仕入先など約50名を招き、10周年記念パーティーをホテルで開催しました。

　その際の費用は、パーティー代、記念品代など合わせて150万円でしたが、得意先などの参加者からのご祝儀が70万円ありましたので、最終的な負担額は80万円となりました。

　この場合、当社が交際費等として処理すべき金額はホテルに支払った150万円からご祝儀の70万円を控除した80万円となるのでしょうか。

　ホテルに支払った150万円が、交際費等の額になります。

解説

　交際費等については、法人が接待等に要した金額がその交際費等の額となります。

　本件の場合、法人が接待等に要した額は150万円であり、ご祝儀として受け取った70万円は別の性格のものです。

　したがって、パーティー代とご祝儀は、相殺できず150万円が交際費等の金額になり、受け取ったご祝儀の70万円は雑収入として計上すべきものとされます。

　しかし、これがご祝儀ではなく会費であれば、パーティー費用の150

万円と会費の70万円との相殺後の金額80万円が交際費等の額となります。

　両者の違いは、ご祝儀は接待される側の任意で支払われるのに対し、会費は、その会費を支払わなければパーティーに参加できず、いわばパーティー費用のうち一部を参加者が負担したという点にあります。

【参考法令等】
措法61の4⑥（交際費等の損金不算入）
措通61の4(1)−15(1)（交際費等に含まれる費用の例示）

アドバイス　パーティー等でご祝儀等を受け取った場合、支出した交際費等と相殺していないかをチェックしておく必要があります。

　また、パーティーやゴルフコンペなどを開催する場合、交際費等の額を抑える目的で、割り切って会費制にするかどうかを開催前に検討しておくことも必要です。

2-2 観光地で会議を開いた場合

Q 卸売業を営む当社の販売代理店は全国に散らばっており、どうせ集まるのであれば、観光地のほうが喜ばれるだろうということから、観光地のホテルで、新製品の説明を主とした営業会議を、初日の夕方1時間程度実施し、翌日はゴルフ大会、翌々日は1日の観光を実施しました。

なお、総費用は180万円で、その内訳は次のとおりでした。
① 現地までの交通費・宿泊代：100万円
② 営業会議代　　　　　　　：10万円
③ ゴルフ・観光代　　　　　：70万円　合計180万円

当社は総費用180万円のうち、③のゴルフ・観光代70万円のみを交際費等として処理しようと思うのですが可能でしょうか。

A ③のゴルフ・観光代70万円だけではなく、①の現地までの交通費・宿泊代100万円についても交際費等とする必要があります。

解説

遠隔地で会議と接待・慰労等を双方開催した場合、その区分が問題となります。特に、交通費・宿泊代がどちらに含まれるかという点が問題となりますが、現地で行った会議に実体があるかどうかが、その判断基

準となります。

　本事例の場合、事実認定の問題もありますが、日程等からみると、観光地に代理店を集めた主たる理由は代理店の接待、慰労であると思われ、製品説明を主とした1時間程度の会議では、全体として会議の実体がないと判断されます。

　このような場合、まず、全体の費用を交際費等とし、その中から会議に要した費用だけを差し引いて交際費等の額を算定すべきだと思われます。

　したがって、総費用180万円のうち、②の営業会議代10万円を除いた金額170万円を交際費等として処理すべきです。

　逆に、主たる目的が会議であり、会議の実体があると判断されるような場合には、まず全体の費用を会議費とし、その中から接待、慰労等に要した費用だけを交際費等の額として差し支えないと思われます。

【参考法令等】
措通61の4(1)-16（旅行等に招待し、併せて会議を行った場合の会議費用）

アドバイス　本事例のように、遠隔地で会議と接待、慰労等を実施した場合、請求書、領収証等はもちろんのこと、案内状、日程表、参加者名簿、配付資料、会議の議事録等を保管しておくことが必要であると思われます。

2-3
自社の飲食店で接待を行った場合

当社は、フランス料理店を経営する法人ですが、上得意客や食材の仕入先等を自社のレストランで接待する場合があります。

接待の際は、1人当たり15,000円（メニュー記載の金額）のコース料理を提供しています。

この場合、当社が交際費等として計上すべき金額は、メニュー記載の金額である1人当たり15,000円となるのでしょうか。

メニューに記載された金額ではなく、そのコース料理の原価の額が交際費等として計上すべき金額となります。

解説

交際費等とすべき金額は、事業に関係のある者等に対する接待、供応、慰安、贈答その他これらに類する行為のために支出する金額とされています。

したがって、本事例のように、自社のレストランや料亭で取引先等を接待する場合において交際費等とすべき金額は、提供した料理のメニュー記載の金額ではなく、その料理の原価相当額（材料費、人件費等）となります。

なお、自社製品を贈答した場合も同様に、交際費等とすべき金額は、

その製品の売価ではなく原価となります。

【参考法令等】
措法61の4⑥(交際費等の損金不算入)

 原価の算定が個別に困難な場合には、売上高に占める原価の割合から求めた原価率を用いて算定する方法も認められると思われます。

2-4 含み損のある絵画を贈答した場合

 当社の取引先の社長に、当社の応接室に飾ってある絵画を贈答することにしました。

この絵画は、ある高名な画家が描いたもので20年ほど前に購入したものですが、その時の取得価額は120万円でした（現在の帳簿価額も同額です。）。

専門家によれば、現在、この画家は購入時ほどの人気はなく、絵画市場も低迷しているため、現在、購入するとすればその相場は50万円程度であるとのことです。

この場合、当社が交際費等として処理すべき金額は120万円となるのでしょうか。

 交際費等とすべき金額は50万円となると考えられます。

解説

交際費等とすべき金額は、事業に関係のある者等に対する接待、供応、慰安、贈答その他これらに類する行為のために支出する金額とされています。

したがって、物品を贈答した場合は、その物品を取得するために支出した金額ということになります。

しかし、本事例のように20年前の絵画取得のための支出は、接待、贈

答等のための支出ではなく、固定資産として取得するための支出であると思われます。

したがって、本事例の場合、その贈答に要する費用は、その絵画を贈答した時の時価（再取得価額）、すなわち50万円になると考えられます。

【参考法令等】
措法61の4⑥（交際費等の損金不算入）

　本事例の場合、税務上の仕訳は、次のようになると考えられます。

（借方）交際費等50万円　　／　（貸方）器具備品120万円
　　　　雑損失70万円

2－5 交際費等の額に係る消費税等の取扱い

Q 法人が交際費等に該当する費用を支出した場合、本体の価格と合わせて消費税等を負担しますが、この消費税等の額も交際費等の額に含まれるのでしょうか。

A 法人が消費税等の経理処理につき税込経理方式を採用しているか、税抜経理方式を採用しているかによって異なります。

解説

消費税等の経理処理については、税込経理方式（消費税等の額を取引本体の価格に含めて会計処理をする方法）と税抜経理方式（消費税等の額と取引本体の価格とを仮受消費税、仮払消費税などの科目を用いて区分して経理する方式）が認められています。

法人が交際費等に該当する費用を消費税等も含めて支出した場合、支出した法人が税込経理方式を採用している場合には、取引本体の価格と消費税等の額との合計額が交際費等の額になります。

一方、法人が税抜経理方式を採用している場合には、取引本体の価格のみが交際費等の額になります。

例えば、得意先に物品等の贈答を行った際の支出額が消費税等込みで11,000円であった場合、法人が税込経理方式を採用している場合には、

11,000円が交際費等の額となり、税抜経理方式を採用している場合には、10,000円が交際費等の額となります（その物品の購入先がインボイス発行事業者である場合）。

【参考法令等】
消費税経理通達12（消費税法等の施行に伴う法人税の取扱いについて）

　消費税等の納税義務が免除されている免税事業者は、税込経理方式しか認められませんので注意する必要があります。

　また、10,000円基準の適用における1人当たりの飲食費の額が10,000円以下かどうかの判定の際も、法人が適用している税抜経理方式又は税込経理方式により算定した金額によることとされています（**4-21**参照）。

インボイス発行事業者でない飲食店に飲食代を支払った場合

Q 当社は消費税等の経理処理につき税抜経理方式を採用していますが、例えば、令和5年10月1日以降にインボイス発行事業者でない飲食店に飲食代11,000円を支払った場合、交際費等として計上すべき金額はいくらになるのでしょうか。

ただし、いわゆる交際費等の10,000円基準（旧5,000円基準）の適用がない取引であるとします。

A 原則は、その飲食店に支払った額11,000円全額が交際費等の額になりますが、経過措置を適用することにより、令和5年10月1日から6年間の取引については、支払った11,000円から仮払消費税の額を控除した金額が交際費等の金額となります。

解説

税抜経理方式を採用する法人がインボイス発行事業者ではない飲食店で飲食等をした場合、その支払金額に消費税等はないものとされます。したがって本事例の場合、飲食店に支払った額11,000円全額が消費税等の額となります。

ただし、経過措置により令和5年10月1日から3年間の取引については、インボイス制度導入前に仕入税額控除の対象となった額の80%、令和8年10月1日から3年間の取引については50%を仕入税額控除の対象とすることができることとされており、その場合、支払額からその仕入税額控除の対象となる金額（仮払消費税計上額）を差し引いた金額が交際費等の額となります。

具体的には、以下の金額が交際費等の額及び仮払消費税の額になります。

(1)　令和5年10月1日から令和8年9月30日（経過措置適用）
　・仮払消費税の額：800円（11,000円×10/110×80％）
　・交際費等の額　：10,200円（11,000円－800円）

(2)　令和8年10月1日から令和11年9月30日（経過措置適用）
　・仮払消費税の額：500円（11,000円×10/110×50％）
　・交際費等の額　：10,500円（11,000円－500円）

(3)　令和11年10月1日以降（経過措置適用なし）
　・仮払消費税の額：0円
　・交際費等の額　：11,000円（11,000円－0円）

【参考法令等】
平成28年改正法附則52①、53①（適格請求書発行事業者以外の者から行った課税仕入れに係る税額控除に関する経過措置）
消費税経理通達3の2（仮受消費税等又は仮払消費税等と異なる金額で経理をした場合の取扱い）
消費税経理通達 令和3年2月経過的取扱い(2)（経過措置の適用期間において課税仕入れを行った場合の経理処理）
令和3年2月（令和5年12月改訂）「消費税経理通達関係Q&A」問3、4

 令和11年9月30日までの間にインボイス発行事業者ではない業者と取引を行った場合、経過措置を適用すれば、支払金額から仮払消費税計上額を差し引いた金額が交際費等の額になるということに留意する必要があります。

　なお、本事例における経過措置の適用は任意であり、経過措置を適用せず（仮払消費税を計上せず）支払った金額全額を交際費等の金額とするという処理も認められています。

第2章 交際費等の金額

消費税等が課税されない交際費等

 交際費等には、消費税等が課税されるものとそうでないものがあり、その区分に迷うことが多くあります。
　交際費等のうち、消費税等が課税されないものにはどのようなものがあるでしょうか。

 消費税等が課税されない交際費等には、次のようなものがあります。

解説

　消費税等の経理処理について税抜経理方式（消費税等の額と取引本体の価格とを仮受消費税、仮払消費税などの科目を用いて区分して経理する方式）を採用している場合、取引額の中に消費税等の額が含まれているか否かの判定を誤ると、交際費等の額及び消費税等の計算における仕入税額控除額の計算に影響を及ぼすことになります。
　消費税等が課税されない取引には、不課税取引と非課税取引とがあります。
　消費税等が課税される取引は、国内において事業者が事業として対価を得て行う資産の譲渡等及び輸入取引ですが、これに該当しない取引には消費税等は課税されず、これを不課税取引といいます。
　一方、また、国内において事業者が事業として対価を得て行う資産の

譲渡等であっても、課税対象になじまないことや社会政策的配慮から消費税等を課税しない取引があります。これを非課税取引といいます。

税務上、交際費等に該当する取引のうち不課税取引、非課税取引に該当する費用としては次のようなものがあります。

[不課税取引に該当するもの]
- 取引先やその従業員等に対して支出する香典、祝金、餞別、チップなど
- 謝礼金、手数料、迷惑料等の名目で支出された費用で対価性がなく交際費等とされるもの
- 海外で支出された交際費等
- 海外旅行招待費用（国内での移動、飲食分を除きます。）
- 社交団体等の通常会費
- 交際費等に含まれるゴルフ場利用税、入湯税、宿泊税

[非課税取引に該当するもの]
- 商品券、QUOカード、ビール券、図書カード、お食事券・旅行券などの物品切手等の贈答費用

【参考法令等】
消法4（課税の対象）
消法6（非課税）

法人が、税込経理方式（消費税等の額を取引本体の価格に含めて会計処理をする方法）を採用している場合には、取引本体の価格と消費税等の額の合計額が交際費等の額になります。

固定資産の取得価額に含まれる交際費等(1)

Q 当社は、A市に新工場を建設中ですが、地元有力者B氏を中心としたグループの理由もない反対にあい工事が中断してしまいました。

そこで、B氏に迷惑料という名目で100万円を支払い、ようやく工事を再開することができました。

この費用は交際費等に該当すると思われますが、当社はこの費用を建設仮勘定として処理しており費用計上していません。

このような場合、交際費等に係る申告調整はどのように行えばよいのでしょうか。

A 固定資産の取得価額に含まれた交際費等の額については、たとえ費用計上されていなくても交際費等の額に含める必要がありますが、そのことにより生じた損金不算入額相当額は、その固定資産の取得価額から減額することができます。

解説

交際費課税は接待や供応などの支出をした期に行われ、その期の費用

となっているかどうかは問題とされません。

したがって、支出した交際費等が棚卸資産や固定資産の取得価額に含まれており、交際費等として費用処理されていない場合でも、その交際費等の額を含めて損金不算入額を計算する必要があります。

よって、本事例における、建設仮勘定の取得価額に含まれている交際費等の額についても、他の交際費等の額と合わせて損金不算入額の計算を行わなければなりません。

しかし、このような処理を行うと、当期の費用となっていない交際費等についても申告加算を行うこととなり、いわゆる二重課税が生じることになります。

そこで、このような二重課税を回避するため、交際費等の支出があった期の確定申告書において、その資産(固定資産、棚卸資産)の取得価額に含めた交際費等の金額のうち、損金不算入額からなる部分の金額を限度として、その資産の取得価額を減額する処理が認められています。

資産の取得価額から減額できる金額を算式で示すと次のようになります。

[算式]

$$\begin{pmatrix}交際費等の\\損金不算入額\end{pmatrix} \times \begin{bmatrix}資産の取得価額に含ま\\れている交際費等の額\end{bmatrix} \div \begin{pmatrix}その期に支出し\\た交際費等の額\end{pmatrix}$$

例えば、当期の交際費等の支出額が全部で1,000万円(うち資産の取得価額に含まれている交際費等の額100万円)、交際費等の損金不算入額が200万円である場合、交際費等の損金不算入額200万円のうち、資産の取得価額に含まれている交際費等部分に対応する金額20万円をその資産の取得価額から減額することができます。

具体的には、申告書別表四の減算欄(留保)で資産の認定損20万円、別表五(一)で資産△20万円という処理を行うことになります。なお、申告調整を行った場合、翌期に帳簿での受入処理が必要となります。

また、申告調整のかわりに、その期に損金経理により20万円だけ資産の取得価額を減額する処理も認められます。

【参考法令等】
措通61の4(2)－7（原価に算入された交際費等の調整）

アドバイス　交際費等については、当期において行われた接待等の行為のために支出した金額について課税が行われるのであり、支出した金額が当期に費用計上されているかどうかは関係がないことを認識しておくことが必要です。

固定資産の取得価額に含まれる交際費等(2)
―税務調査による指摘を受けた場合―

　　当社は、本社ビル建設のための土地を取得しましたが、税務調査において、その土地の取得価額の中に含まれている支払手数料が交際費等に該当することが明らかになりました。
　この手数料は損金算入されていませんが、修正申告を行う必要はあるのでしょうか。
　なお、当社は資本金が1億円超の法人です。

　　交際費等の加算漏れとして修正申告する必要があります。なお、土地の取得価額の減額は認められません。

解説

　棚卸資産や固定資産の取得価額の中に交際費等に該当する支出が含まれている場合、その交際費等が費用処理されていない場合でも、その支出額を他の交際費等の額に含めて損金不算入額を計算する必要があります。
　一方、前事例で示したように、このような交際費等の支出があった事業年度において、その資産（固定資産、棚卸資産）の取得価額に含めた

交際費等の金額のうち、損金不算入額からなる部分の金額を限度として、その資産の取得価額を減額する処理も認められています。

ただし、このような申告調整による取得価額の減額処理は、あくまでもその期における確定申告書（当初申告書、期限後申告書）においてしか認められず、修正申告書における減額処理は認められません。

したがって、本事例のように、税務調査により資産の取得価額の中に交際費等に該当する支出が含まれていることが判明したような場合、判明した交際費等についての交際費等に係る否認が生じるだけであり、修正申告書において資産の取得価額を減額する処理は認められないことになります。

【参考法令等】
措通61の4(2)−7（原価に算入された交際費等の調整）

アドバイス 税務調査により資産の取得価額に含まれている交際費等についての申告加算漏れが判明した場合、交際費等に係る否認のみが生じてしまうということに注意すべきです。

各勘定科目と交際費等

|寄附金|

地域の老人ホーム住人の招待費用

　自動車部品の製造業を営む当社は、毎年、地域に対する貢献活動の一環として、地域の老人ホームの住人を当社の福利厚生施設に招き、酒食を伴う演芸大会を行っています。

　なお、当社と老人ホームの住人とは同じ地域に住んでいるという関係のみで、何の利害関係もありません。

　この費用は酒食を提供する接待費用として交際費等として処理すべきでしょうか。

　このイベントは酒食を伴っていますが、事業関係者に対するものではなく、その費用は寄附金に該当します。

解説

　寄附金とは、法人が事業に直接関係ない者に対して金銭その他の資産の贈与や経済的な利益の無償供与のために支出されるものをいいます。

　一方、交際費等とは、得意先や仕入先など事業に関係ある者に対する接待、供応、慰安、贈答などのために支出されるものをいいます。

　本事例の場合、貴社は事業とは直接関係のない地域の老人ホームの住人を招待しています。

　その行為が貴社のイメージアップにつながるという効果は多少あるかもしれませんが、その主たる目的は、見返りを求めない地域に対する貢

献活動であるといえます。

したがって、このイベント開催に係る費用は、交際費等には該当せず、寄附金として処理すべき性格のものであると思われます。

【参考法令等】
法法37（寄附金の損金不算入）
措通61の4(1)-1（交際費等の意義）
措通61の4(1)-2（寄附金と交際費等との区分）

　得意先や仕入先など、事業に関係する者に対する金銭や資産などの提供に係る費用は、何らかの見返りを期待する「贈答」であり交際費等に該当します。

一方、事業に直接関係がない者に対する金銭や資産などの提供に係る費用は、見返りを期待しない「贈与」に該当し、寄附金として取り扱われることになります。

両者の違いに注意する必要があります。

3-2
神社に対する寄贈費用

当社は、近所のA神社が祭礼を行った際、現金とお酒を当社名で寄贈しています。

なお、当社は不動産管理業を営んでおり、A神社が収益事業として行っている駐車場の斡旋、管理、集金業務を担当し、A神社からその手数料を受け取っています。

この場合における神社への寄贈費用は寄附金として処理することができるのでしょうか。

本事例における寄贈費用は、事業関係者に対する贈答であり、交際費等に該当します。

解説

通常、神社の祭礼等の寄贈金や、社会事業団体、政治団体に対する拠金は、交際費等ではなく寄附金に該当するものとされています。

これらの支出は、一般的に、寄贈を行う者と神社や社会事業団体などとは事業関係性がなく、寄贈に対する見返りを期待するような性格の費用ではないという理由によるものです。

しかし、本事例の場合、当社にとってA神社は、駐車場運営に係る手数料を受領しているという事業関係のある得意先であり、祭礼の際の現金とお酒の寄贈も、今後の取引を円滑に行うためのものであると判断さ

れます。

　したがって、本事例における現金とお酒の寄贈費用は、事業関係者に対する贈答のための費用であるということになり、交際費等に該当するものと思われます。

【参考法令等】
措通61の4(1)−1（交際費等の意義）
措通61の4(1)−2（寄附金と交際費等との区分）

アドバイス　　一般的には寄附金とされるような費用であっても、その相手方が事業関係者である場合には、交際費等と判断される場合がありますので注意が必要です。

3-3 政治家主催のパーティー券購入費用

Q 当社は、政治家であるA氏を後援しています。

今回、A氏が政治資金を集めるためのパーティーを開催し、当社もA氏の活動を支援するため、このパーティーに係るパーティー券（1枚30,000円）を10枚購入しました。

なお、当社からこのパーティに出席した人はいません。

このパーティー券の購入費用は、交際費等に該当するのでしょうか。

A 本事例におけるパーティー券は、パーティーに参加するためではなく、A氏の政治活動を資金面で支援するために購入したものであり、寄附金に該当します。

解説

政治家主催のパーティー券は、その内容に比べて券面額が高額であること、参加の有無にかかわらず割当て等で大量に購入する場合があること、購入しても実際に参加しない人も多く、パーティーに参加するというよりその政治家の資金面での支援を目的として購入する場合が多いことなどから、パーティー券購入の実体はその政治家に対する政治献金であると思われます。

税務上、政治団体に対する拠出金が寄附金とされていることから、本事例におけるパーティー券の購入費用も同様に交際費等ではなく寄附金

に該当することになると思われます。

【参考法令等】
措通61の4(1)−1（交際費等の意義）
措通61の4(1)−2（寄附金と交際費等との区分）

アドバイス　本事例の場合におけるパーティー券の購入費用は寄附金に該当すると思われますが、その購入目的が、パーティーに出席してその政治家や参加者との交流を深めるためのものである場合や、その政治家に法人事業の遂行上お世話になったことに対するお礼であるような場合には、交際費等とされることもありえますので注意が必要です。

売上割戻し

物品による売上割戻し

　当社は得意先に対して売上割戻しを行っていますが、得意先からの要望もあり、本事業年度から金銭による割戻しに替えて、ゴルフ用品、ゲーム機などの物品による割戻しに変更して実施しています。

なお、割戻率については従来と変わりません。

本事業年度からの割戻しについても前事業年度までの割戻しと同様、交際費等に該当しないと考えてもよいでしょうか。

　金銭による割戻しは交際費等には該当しませんが、本事業年度からの割戻しに係る費用は交際費等に該当します。

解説

金銭による割戻しと同一の基準で物品による割戻しを行った場合でも、その物品が、①事業用資産、②少額物品のいずれかであれば、その物品の交付に要した費用は交際費等に該当しません。

なお、①の事業用資産とは、相手方において棚卸資産、固定資産として販売又は使用することが明らかな物品をいい、具体的には棚卸資産のほか以下のような物品がこれに該当します。

イ	商品陳列棚、レジスターなど事業用として確実に用いられると認められる什器備品
ロ	商品運搬用の貨物自動車
ハ	従業員の使用する作業服、工具など

　また、②の少額物品とは、その購入単価がおおむね3,000円以下の物品をいいます。

　本事例において割戻しとして交付されたゴルフ用品等の物品は、相手方において棚卸資産、固定資産として販売、使用されることが明らかな物品には該当しません。

　したがって、その物品の交付に要した費用は交際費等に該当することになります。

【参考法令等】
措通61の4(1)-3（売上割戻し等と交際費等との区分）
措通61の4(1)-4（売上割戻し等と同一の基準により物品を交付し又は旅行、観劇に招待する費用）

　物品により割戻しを行う場合、その物品が事業用資産又は少額物品に該当するかどうかを確認し、該当しない場合には、交際費等として処理する必要があります。

3-5

商品券による売上割戻し

当社は得意先に対し売上割戻しを実施していますが、その割戻しは金銭ではなく、券面額が500円の商品券を割戻額に相当する枚数だけ交付するという形で行っています。

この商品券による割戻しに要した費用については、金銭による割戻しと同様に交際費等に該当しないと考えてよいでしょうか。

商品券による割戻しに要した費用については、その券面額が3,000円以下であっても交際費等となります。

解説

売上割戻しと同一の基準で物品を得意先等に交付した場合でも、その物品が少額物品、すなわち、その購入単価がおおむね3,000円以下の物品であれば、その交付に要した費用は交際費等に該当しないこととされています。

ここでよく問題となるのが、商品券やビール券のような商品引換券等を割戻物品として交付した場合ですが、その判定は次のように行うこととされています。

(1) ビール券、お米券、図書券などのように引き換えることができる物品が特定されているもの

その引換券1枚当たりの券面額又はこれに相当する金額を基準として

少額物品かどうかの判定を行います。

(2) **商品券、お買物券などのように、引き換えることができる物品の種類が特定されていないもの**

券面額がいくらであるかにかかわらず少額物品には該当せず、その交付に要した費用は交際費等になります。

(3) **旅行券、お食事券、観劇券などのように、その券と引き換えに特定のサービスを提供するもの**

(2)と同じく、その交付に要した費用は交際費等になります。

したがって、本事例における割戻しの商品券は、引き換えることができる物品が特定されていないため、その交付に要した費用は、1枚当たりの券面額が3,000円以下であっても交際費等に該当することとなります。

【参考法令等】
措通61の4(1)−4（売上割戻し等と同一の基準により物品を交付し又は旅行、観劇に招待する費用）

アドバイス　商品引換券等で割戻しを実施する場合、引き換えることができる物品が特定されているもの（ビール券、お米券、図書券など）で1枚あたりの券面額がおおむね3,000円以下のものが交際費課税の対象とならず、税務上有利となります。

3-6 割戻金を招待旅行費用として積み立てた場合

Q 当社は、従来、売上高の3％をリベート（売上割戻し）として得意先の口座へ振り込んでいましたが、得意先の要望もあり、当期から、算定方法はそのままですが、割戻金を当社において得意先別に預り金として積み立て、ある程度の額になった時点で、その預り金を原資として得意先を旅行に招待する方法に変更しました。

当期に、そのリベートに係る当期積立額60万円を売上割戻しとして損金処理したいのですが可能でしょうか。

なお、旅行は来期実施する予定です。

A 当期に計上した売上割戻しの60万円は、旅行が当期に実施されておらず、当期の損金とは認められません。さらに、旅行を実施して損金とした期において、交際費等として処理する必要があります。

解説

売上割戻しは、どのようなもので割戻しされているのかによりその取扱いが異なります。

金銭や事業用資産による割戻しは、相手方の収益に計上されることも

あり、損金処理が可能ですが、金銭に代えて、事業用資産以外の物品（少額物品を除きます。）を交付する場合や本事例のように、旅行・観劇に招待する場合は、その費用は交際費等に該当することになります。

また、本事例のように割戻金を預り金等として積み立て、積立金が一定額に達した際にその積立金で得意先を旅行、観劇等に招待することとしている場合には、積み立てた事業年度の交際費等とはならず、旅行、観劇等に招待した事業年度の交際費等となります。

【参考法令等】
措通61の4(1)-4（売上割戻し等と同一の基準により物品を交付し又は旅行、観劇等に招待する費用）
措通61の4(1)-6（売上割戻し等の支払に代えてする旅行、観劇等の費用）

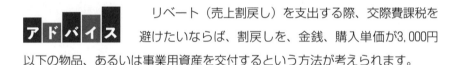

リベート（売上割戻し）を支出する際、交際費課税を避けたいならば、割戻しを、金銭、購入単価が3,000円以下の物品、あるいは事業用資産を交付するという方法が考えられます。

3-7 割戻率に差がある場合

当社は、卸売業を営んでおり、得意先に対して売上割戻しを行っています。

通常、売上割戻しにおける割戻率は取引額の3％としていますが、A地域にあるB社に対しては特別に2％上乗せして5％としています。

これは、A地域については、同業他社の勢力が強く、この地域の販売強化を図る必要があるためです。

このB社に対する売上割戻しの上乗せ分は、B社にだけ特別な利益を与えたということで交際費等になるのでしょうか。

B社に対する売上割戻しについては、上乗せ分も含め交際費等には該当しません。

解説

売上割戻しは、その得意先である事業者に対し、売上高や売掛金の回収高に比例して、あるいは売上高の一定額ごとに金銭で支出されるものが一般的ですが、それ以外に得意先の営業地域の特殊事情、協力度合い等を勘案して交付されるものも含まれます。

また、その割戻率を同一とすることは必ずしも必要とされておらず、得意先ごとに割戻率が異なっていても差し支えありません。

本事例の場合、A地域における特殊事情を勘案し、販売強化のためB

社の割戻率を特別にアップしたものですが、交際費等として取り扱われるものではないと思われます。

【参考法令等】
措通61の4(1)-7（事業者に金銭等で支出する販売奨励金等の費用）

アドバイス　営業地域の特殊事情には、例えば、その地域においてシェアのトップを維持しなければならない場合、他社と競争状態にある場合、他社に遅れて進出した場合、他社に先がけてシェアを獲得する必要がある場合などが考えられます。

販売促進費

販売促進のための販売奨励金

 化粧品メーカーである当社は、各地域の特約店に製品を卸していますが、A地域については、ライバル会社の製品の勢力が強く、売上が低迷している状態にあります。

そこで当社は、A地域におけるシェアを高めるため、A地域にある特約店に対し、期間限定で対顧客割引キャンペーンを実施することをお願いし、そのキャンペーン実施の見返りとして一定額の販売奨励金を各特約店に支払うこととしました。

この販売奨励金は、交際費等に該当するのでしょうか。

 各代理店に支払った販売奨励金は、A地域におけるシェアを高めるための販売活動を支援するためのものですので、交際費等には該当しません。

解 説

法人が販売促進の目的で、特定の地域の得意先である事業者に対して、販売奨励金として金銭や事業用資産をその事業者に交付した場合、その費用は交際費等には該当しないこととされています。

この販売促進目的の販売奨励金は、値引きや景品付販売、広告宣伝活動などを支援することを目的とした奨励金等であり、その交付に要した費用はその事業者との取引に係る対価の修正とも考えられることによる

ものです。

　本事例における奨励金も、A地域における自社商品のシェアをアップさせるための割引キャンペーンを支援することを目的としたものであり、交際費等には該当しないものとして取り扱われます。

【参考法令等】
措通61の4(1)- 7（事業者に金銭等で支出する販売奨励金等の費用）

　販売奨励金等はあくまでもその得意先等である事業者に交付することが必要とされます。得意先の役員や従業員個人に対して交付されるようなものは、たとえ販売促進を目的とするようなものであっても原則として交際費等に該当することになりますので注意が必要です。

3-9 交際費等の負担額として交付される奨励金

Q 当社は、この度、新製品を開発しましたが、その新製品をPRするために、大々的な販売キャンペーンを実施することを当社の販売代理店にお願いすることにしました。

そこで、当社の販売代理店であるA社では、この新製品の販売を促進するためにA社の上得意先を多数招き、ホテルで新製品披露パーティーを行っています。

当社は、この代理店A社が行ったパーティーに係る費用の半額を負担することとし、その額を販売奨励金としてA社に交付していますが、当社自体が直接に得意先を接待したわけではないので交際費等に該当しないと思われるのですがいかがでしょうか。

なお、A社が行ったパーティーは飲食を主体とするもので、参加者1人当たりの飲食費は10,000円超でした。

A この奨励金は、交際費等に該当する費用の補助を目的として交付されたものですので、交際費等に該当します。

解説

前事例のように法人が販売促進の目的で、特定の地域の得意先である

事業者に対して販売奨励金等として金銭等をその事業者に交付した場合には、その費用は交際費等には該当しません。

ただし、本事例のように、その販売奨励金等として交付する金銭の全部又は一部が交際費等の負担額として交付されるものである場合には、その負担額に相当する部分の金額については交際費等に該当することとされています。

本事例における販売奨励金は、交際費等に該当するパーティー費用の一部負担分として交付されたものですので、交際費等に該当することになります。

【参考法令等】
措通61の4(1)-7（事業者に金銭等で支出する販売奨励金等の費用）

販売促進の目的で交付した販売奨励金等であっても、その交付目的によっては、交際費等に該当する場合もあります。

交付する金銭の全部又は一部が交付先の交際費等の負担額として交付されるものである場合には、その負担額については交際費等として取り扱われますので、注意する必要があります。

3-10

特約店のセールスマンに対する販売奨励金

Q 化粧品メーカーである当社は、売上の拡大を図るため、当社の販売特約店専属のセールスマンに対して、今後、そのセールスマンが販売した当社製品の取扱高の3％相当額を販売奨励金として直接交付することとしました。なお、そのセールスマンは、所得税法第204条の規定（外交員報酬に係る源泉徴収）の適用を受ける報酬をその特約店から受けています。

この販売奨励金は、その特約店のセールスマンに対して直接交付したものであるため、交際費等に該当することになるのでしょうか。

A 各セールスマンに支払った販売奨励金は、交際費等には該当しません。

解説

製造業者又は卸売業者が自己又はその特約店に専属するセールスマン（その報酬につき所得税法第204条の規定〔外交員報酬に係る源泉徴収〕の適用を受ける者に限ります。）のために支出する次の費用は交際費等に該当しないこととされています。

①	セールスマンに対し、その取扱数量又は取扱金額に応じてあらかじめ定められているところにより交付する金品の費用
②	セールスマンの慰安のために行われる運動会、演芸会、旅行等のために要する費用
③	セールスマン又はその親族等の慶弔、禍福に際し一定の基準に従って交付する金品の費用

　これは、本事例のようなセールスマンは、個人事業者に該当する店舗等を有さない外交員であり、実態はその化粧品メーカーに属するセールスマンや従業員と同じような関係にあるという理由に基づくものです。

　本事例における販売奨励金は、上記①に該当するものと思われますので、交際費等には該当しないことになります。

【参考法令等】
措通61の4(1)-13（特約店等のセールスマンのために支出する費用）

アドバイス　本事例のような販売奨励金の交付においては、その交付基準があらかじめ定められていることが必要とされていますので注意する必要があります。

　なお、その交付の際、所得税法第204条の規定に基づき源泉徴収が必要とされますので、その点についても注意する必要があります。

3-11

特約店の従業員に対する販売奨励金

 当社は、電動工具を製造していますが、A地域のホームセンターにおけるシェアが低い状況が続いています。

そこで、A地域におけるホームセンターでの売上拡大を図るため、本年度において当社製品を一定額以上販売したA地域のホームセンターを対象として、その従業員（店頭販売員）各人に対し、販売奨励金を直接交付することとしました。

なお、販売員1人当たりの販売奨励金の額は、そのホームセンターにおける当社製品の売上高を基準として定められています。

この販売奨励金の交付に係る費用は、交際費等に該当するのでしょうか。

 本事例におけるホームセンターの店頭販売員に対する販売奨励金は、交際費等に該当します。

解 説

製造業者や卸売業者が、①専ら自己の製品等を取り扱う特約店等の従業員等に対し、②その者の外交販売に係るその製品の取扱数量又は取扱金額に応じてあらかじめ定められているところにより交付する金品の費用については交際費等に該当しないものとされています（ただし、その金品の交付の際には所得税法第204条の規定〔外交員報酬に係る源泉徴

収〕に基づき源泉徴収が必要となります。）。

　本事例の場合、①本事例におけるホームセンターは「専ら」（取扱高の大部分が）自己の製品等を取り扱う特約店ではないこと、②ホームセンターの店頭販売員は「外交販売」を行う者ではないことから、本事例における販売奨励金は、交際費等に該当することになります。

【参考法令等】
措通61の4(1)-14（特約店等の従業員等を対象として支出する報奨金品）

アドバイス　取引先の従業員に、取引の謝礼等として金品を交付した場合、その交付に係る費用は原則として交際費等に該当します。交際費等に該当しないようにするために、その要件を十分理解しておく必要があります。

3 - 12
交際費等にならない景品付販売

 当社は工具の卸売業を営む法人ですが、期間限定のキャンペーンとして得意先である事業者に対し景品（筆記具セット）を特定の商品に付けて販売しました。

なお、この筆記具セットの単価は1,500円程度ですが、この景品の交付に要した費用は交際費等に該当するのでしょうか。

 本事例における景品の交付費用は、交際費等に該当しません。

解説

製造業者又は卸売業者が得意先である事業者に対し、いわゆる景品付販売により交付する景品については、その景品が少額物品であり、かつ、その種類及び金額がその製造業者又は卸売業者で確認できるものである場合には、その景品の交付のために要する費用は交際費等に該当しないものとすることができます。

なお、「少額物品」とは、その購入単価がおおむね3,000円以下の物品をいいます。

本来、得意先等の事業関係者に物品を交付した場合は物品の贈答にあたり、その交付に要する費用は交際費等に該当しますが、本事例のような少額な景品については少額不追及の趣旨から、交際費等の範囲から除

外されています。

　本事例の場合、景品として交付する物品の単価は3,000円以下であり、かつ、特定の商品にその景品を付けて販売していることから、貴社で、その種類及び金額が確認できるため、その景品の交付に要する費用は交際費等に該当しないことになります。

【参考法令等】
措通61の4(1)−5（景品引換券付販売等により得意先に対して交付する景品の費用）

アドバイス　景品付販売において交付する物品で交際費等の対象とならないものとしては、本事例のような少額物品のほかに事業用資産（相手方で棚卸資産あるいは固定資産として確実に計上されるような資産）があります。

3−13

交際費等にならない景品引換券付販売

当社は卸売業を営む法人ですが、得意先の小売業者に商品を販売する際に、一定金額ごとに景品引換券を交付し、その券の枚数に応じて一定の景品と交換できるようにしています。

この景品の交付に要する費用が交際費等に該当しない要件はどのようなものでしょうか。

交付する景品が少額物品であり、その景品の種類・数量や金額を貴社が確認できる状況にある場合には、その交付に要した費用は交際費等から除外することができます。

解説

景品引換券付販売による景品を費消、使用するのは、取引先そのものではなく、取引先の役員や従業員である場合が多く、その景品の交付に要する費用は原則として交際費等に該当します。

しかし、①引換券により引き換えられる景品が少額物品（購入単価がおおむね3,000円以下の物品）であり、かつ、②その種類及び金額が引換券を発行した製造業者又は卸売業者で確認できるものである場合には、その景品の交付の費用は交際費等に該当しないものとして取り扱うことができます。

①の要件は少額不追及の趣旨から、②の要件は相手方に少額物品が交付されたかどうかを確認するために必要とされ、もし交付先に少額物品

でない物品が交付された場合には、その物品を交付するための費用は交際費等に該当することになります。

なお、景品の交付費用の損金算入時期は、原則として、引換券と交換に景品を交付した事業年度ですが、①金品引換券が販売価額又は販売数量に応ずる点数等で表示されており、かつ、②たとえ１枚の呈示があっても金銭又は物品と引き換えることとしているものであるときは、次の算式により計算した金額をその販売の日の属する事業年度において損金経理により未払計上することができます。

[算式]

$$\begin{bmatrix} 1枚又は1点について \\ 交付する金銭の額 \end{bmatrix} \times \begin{bmatrix} その事業年度において発行した \\ 枚数又は点数（注） \end{bmatrix}$$

(注)その事業年度において発行した枚数又は点数のうち、その事業年度終了の日までに引換えの済んだもの及び引換期間の終了したものは含まれません。

ただし、法人が上の算式を用いて引換券発行時に未払計上し損金処理したとしても、その費用が交際費等に該当するかどうかは、実際に景品を交付した事業年度においてこの規定を適用して判定することとし、交際費等に該当するものについては当該事業年度の交際費等の額に含めて損金不算入額を計算することとなります。

【参考法令等】
措通61の4(1)-5 （景品引換券付販売等により得意先に対して交付する景品の費用）
法通9-7-2 （金品引換券付販売に要する費用）
法通9-7-3 （金品引換費用の未払金の計上）
法通9-7-4 （金品引換費用の未払金の益金算入）

アドバイス 景品に事業用資産（相手方で棚卸資産あるいは固定資産として確実に計上されるような資産）を交付した場合もその交付に要した費用は交際費等には該当しません。

また、本事例の取扱いは、景品の交付先が小売業者や卸売業者などの事業者である場合に適用されるものであり、景品の交付先が一般消費者であれば、その交付に要した費用は交際費等には該当しません。

3-14

模型の交付費用

 当社は小型船舶の製造業を営んでいますが、受注した船舶の模型を制作し、発注者に対して完成見本として交付しています。

この模型の制作交付費用は、物品の贈答として交際費等に該当するのでしょうか。

 この模型の制作交付費用は、交際費等には該当しません。

解説

建物やプラント、船舶等の建設を請け負った法人が、発注者に対して完成見本や完成記念として、その建設請負等の目的物の模型を交付することが商慣行として多くあるようです。

その模型の交付が商慣習として行われているものであれば、その模型の制作は請負業務の一環であるという性質を持ち、その交付費用は発注者という事業関係者に対する贈答等のための費用というより工事原価や製造原価の一部を構成するものであると思われます。

したがって、本事例のような模型の制作・交付のために通常要する費用は、交際費等に含まれないものとされています。

【参考法令等】
措通61の4(1)-19（商慣行として交付する模型のための費用）

アドバイス 交付する模型が、高価な素材を用いて制作されたものや、過度に華美なものであるなど、通常要すると考えられる以上の費用をかけて制作されたものである場合には、その制作・交付に要する費用は交際費に該当する場合もあると考えられますので、注意する必要があります。

情報提供料

情報提供料が交際費等とされないための3つの要件

Q 当社は、精密機械の製造を行っていますが、製品の製造にはA社製の特殊な原材料を必要とします。ところが、その原材料の生産量は少なく、その確保がなかなか困難な状況です。

そこで、安定的な原材料確保のため、A社のOBであるB氏（現在無職）にお願いして、A社におけるその原材料の生産・販売状況に係る情報を提供してもらうことにしました。

B氏に対しては、情報提供の都度、情報提供料として謝礼金を支払っていますが、その算定根拠については明確な基準はなく、おおむね情報の価値に見合うであろうと当社が判断した金額を支払っています。

この謝礼金は正当な情報の対価であるとして、交際費等に該当しないものとして処理することは可能でしょうか。

A B氏に対して支払われた情報提供料は一種の謝礼金であり、交際費等に該当します。

解説

情報提供に対する謝礼金については、それが役務提供の対価であるのか、単なる謝礼金であるのかが必ずしも明確でない場合が多いようです。

そこで、情報提供を業としていない者に対して支払われた情報提供に対する謝礼金について、次の３つの要件をすべて満たしている場合には、その謝礼金は交際費等に該当しないものとされています。

①	その金銭等の交付があらかじめ締結された契約に基づくものであること
②	提供を受ける役務の内容が契約で具体的に明らかにされていること
③	交付した金銭等の価額が、提供を受けた役務等の内容に照らし相当と認められること

本事例については、少なくとも①の要件が満たされておらず、支払う側の裁量により支払の要否、金額等が決定されています。

したがって、支払われた謝礼金は交際費等に該当することになります。

【参考法令等】
措通61の4(1)-8（情報提供料等と交際費等との区分）

アドバイス　情報提供料を支払って、交際費等以外の費用であるとして処理する場合、①情報提供を業としていない者に対するものか、②上記３つの要件を満たしているか、という点につき確認しておく必要があります。

3-16 事前の契約の有無

Q 当社は、美術品の販売を行っていますが、近所の人にお客様を紹介してもらい、そのお客様が10万円以上の美術品を購入した場合には、1件当たり5,000円の謝礼金をその紹介者に支払うこととしています。

謝礼金の支払について紹介者と事前に契約を結ぶということはありませんが、その旨を、新聞チラシ・店頭ポスター、ホームページ等で周知をしています。

当社が支出したこの謝礼金は、正式な契約に基づいて支払われたものではないため、交際費等に該当することになるのでしょうか。

A 契約書は作成されていませんが、チラシ・ポスター等で、謝礼金を支払うための条件が明らかにされていますので、この謝礼金は、交際費等には該当しません。

解説

情報提供を業としていない者に対して情報提供料を支払う場合、その情報提供料が交際費等とされないためには、前事例のように、事前の契約等3つの要件が必要とされます。

本事例においては、紹介者と事前に契約を締結していない点が問題になりそうです。

しかし、契約の形式は、必ずしも契約書という形で作成されたものである必要はなく、事例のように、チラシ、ポスター、ホームページ等によりその条件を広く周知させる方法でも差し支えありません。

すなわち、謝礼金についての支払の要否や支払金額が、支払う側の裁量により決定されるのではなく、あらかじめ定められた条件に基づいて支払われたものであるかということが交際費等に該当するかどうかの判断基準となります。

【参考法令等】
措通61の4(1)-8（情報提供料等と交際費等との区分）

アドバイス 　情報提供料が交際費等に該当しないようにするためには、その支払が、支払う側の裁量により行われるのではなく、紹介者の側から、「これだけの情報提供をしたから、約束どおり、これだけの対価をください。」と請求できるような状況を、事前に整えておくことが必要とされます。

広告宣伝費

広告宣伝費の範囲

 税務上、広告宣伝費に該当するか交際費等に該当するかの判断基準は、それが一般消費者を対象にしているかどうかにあるとききました。具体的にどのようなものが広告宣伝費として取り扱われるのかを教えてください。

 次の①から⑦までに掲げるような費用が広告宣伝費となります。

解説

　法人が、得意先や仕入先など事業と関係のある者に対し、接待、供応、慰安、贈答等を行った場合に係る費用は交際費等とされますが、不特定多数の者、すなわち一般消費者に対し、宣伝的効果を意図して支出した費用については、交際費等には該当せず、広告宣伝費として処理することができます。

　具体的には、以下のような費用がこれに該当します。

①	製造業者や卸売業者が、抽選により、一般消費者に対し金品を交付するための費用又は一般消費者を旅行、観劇などに招待するための費用
②	製造業者や卸売業者が、金品引換券付販売に伴って一般消費者に金品を交付するための費用
③	製造業者や販売業者が、一定の商品を購入する一般消費者を旅行、観劇などに招待することをあらかじめ広告宣伝し、その商品を購入した一般消費者を招待するための費用
④	小売業者が商品を購入した一般消費者に対し景品を交付するための費用
⑤	一般の工場見学者などに製品の試飲、試食をさせるための費用
⑥	得意先などに対して見本品や試用品を提供するために通常要する費用
⑦	製造業者や卸売業者が、一般消費者に対して自己の製品や取扱商品に関してのモニターやアンケートを依頼した場合に、その謝礼として金品を交付するための費用

 また、カレンダー、手帳、手ぬぐいなどを贈与するために通常要する費用も交際費等には該当しません。

【参考法令等】
措令37の5②一（交際費等の範囲）
措通61の4(1)-1（交際費等の意義）
措通61の4(1)-9（広告宣伝費と交際費等との区分）
措通61の4(1)-20（カレンダー、手帳等に類する物品の範囲）

　広告宣伝費は、あくまでも一般消費者を対象として行われる広告宣伝活動に係る費用であるということに留意する必要があります。

3-18

カレンダー、手帳等の配付費用

　当社は電気製品の卸売業者ですが、毎年暮に当社の社名が記載された手帳やカレンダーを取引先、一般消費者等多数の者に配付しています。

　このカレンダーや手帳の配付費用は、交際費等に該当するのでしょうか。

　本事例における社名入りのカレンダーや手帳は多数の者に配付される広告宣伝用物品に該当しますので、その配付に要した費用は交際費等には該当しません。

解説

　カレンダー、手帳など、①多数の者に配付することを目的とし、②広告宣伝的効果を意図して、③少額な物品を交付するための費用、は交際費等には該当しないものとされています。

　これらの物品を交付する目的は、接待贈答のためというより、専ら広告宣伝的効果をあげるためにあること、及びその金額も少額であるという理由によるものです。

　広告宣伝用物品に該当するものとしては、本事例におけるカレンダー、手帳のほか、扇子、うちわ、手拭い、風呂敷、ボールペン、クリアファイル、ブックカバー、灰皿、コップ、ゴルフボールなどが挙げられます。

【参考法令等】
措令37の5②一（交際費等の範囲）
措通61の4(1)-20（カレンダー、手帳等に類する物品の範囲）

アドバイス　配付する物品に社名や製品名等が記載されていても、特に高額なものや特定の得意先や事業関係者のみに配付されるようなものは、物品の贈答として取り扱われ、交際費等に該当すると考えられますので注意が必要です。

3-19

社名入り図書カードの配付費用

　当社は出版業を営んでいますが、広告宣伝のため多数の取引先や一般消費者に、当社の社名や雑誌名が記載された図書カード（全国共通図書カード）を配付しています。

　この図書カードの券面額は1,000円で印刷費等を含めても1枚の購入単価は1,200円程度です。

　この図書カードの配付費用については、社名入りということで広告宣伝費として処理してもよいでしょうか。それとも金券の贈答であるとして交際費等として処理する必要があるのでしょうか。

　社名入りの手帳やカレンダーなどを配付するのと同様、交際費等ではなく広告宣伝費として処理することが可能です。

解説

　カレンダー、手帳、扇子、うちわ、手拭いその他これらに類する物品を贈与するために通常要する費用は交際費等には該当しないものとされています。

　また「その他これらに類する物品」とは、多数の者に配付することを目的として広告宣伝的効果を意図する物品で、その価額が少額であるものをいいます。

本事例における図書カードも、社名等が印刷され、その券面額も少額なため、社名入りのカレンダーや手帳を配付するのと同様、交際費等ではなく広告宣伝費として処理することが可能です。

　なお、現在、図書カードの種類は200円券から10,000円券まで、さまざまな券面のものが発行されていますが、その券面額が1,000円以下の少額なカードで、会社名や製品名等が記載され、多数の得意先等に配付されるものであれば、その配付に要した費用は広告宣伝費として取り扱っても差し支えないものと思われます。

【参考法令等】
措令37の5②一、(交際費等の範囲)
措通61の4(1)-20（カレンダー、手帳等に類する物品の範囲）

アドバイス　たとえ券面額が1,000円以下のカードであっても、自社名や製品名などが印刷されていない通常のカードを得意先等に配付した場合には、単なる物品の贈答であるとして、その配付に要した費用は交際費等とされますので注意が必要です。

3-20

得意先を対象としたキャンペーン費用

当社は、化粧品の卸売業者ですが、今回、会社の創立10周年を記念したキャンペーンを実施しました。

その内容は、得意先である美容院や理髪店を対象とし、キャンペーン期間中に一定額以上の商品を購入していただいた得意先を抽選で温泉旅行に招待するというものです。

このキャンペーンに要する旅行費用を広告宣伝費として損金処理したいのですが可能でしょうか。

本事例におけるキャンペーンの対象者は一般消費者には該当しないため、そのキャンペーンに要した費用は交際費等に該当します。

解説

広告宣伝費は、不特定多数の者すなわち一般消費者を対象として広告宣伝的効果を意図して支出される費用とされています。

ところが、本事例のような、化粧品の卸売業者と美容院や理髪店との関係は、一般消費者より緊密な関係にあり、一般消費者との関係には該当しないこととなります。

したがって、本事例におけるキャンペーン費用は、自社商品を購入してもらうための運動費用であり、得意先等を接待旅行に招待するのと事

実上変わらないことから交際費等に該当することになります。

【参考法令等】
措通61の4(1)-9（広告宣伝費と交際費等との区分）

 　広告宣伝費はあくまでも一般消費者を対象として行われる広告宣伝活動に係る費用であるということに留意する必要があります。

なお、一般消費者に該当しない関係としては本事例の他に以下のような関係があります。

① 　医薬品の製造業者、販売業者と医師、病院
② 　建設材料の製造業者や販売業者と大工、左官等の建築業者
③ 　飼料、肥料等の農業用資材の製造業者、販売業者と農家
④ 　機械や工具の製造業者、販売業者と鉄工業者など

3-21
得意先を工場見学に招待する費用

　当社は、食品製造業を営んでいますが、今回、得意先を当社の地方工場への見学旅行に招待することにしました。

　この旅行は2泊3日で温泉地や観光地を巡るものであり、当社の工場への見学はその旅行の中で、工場視察及び製品の試食を1時間程度行うというものです。

　これらの旅行費用の全額を広告宣伝費として処理したいのですが可能でしょうか。

　旅行費用のうち、工場見学に直接要した費用以外は交際費等に該当するものと判断されます。

解説

　一般の工場見学者等に製品の試飲、試食をさせる費用については広告宣伝費に該当します。

　しかし、本事例の場合、この旅行における工場見学は1時間程度のほぼ形式的なものであり、主たる目的は得意先を旅行により接待することにあると思われます。

　したがって、旅行費用総額のうち工場見学に直接要した費用（試食代、工場の概要説明における資料代など）以外の費用（交通費、宿泊代、食事代、観光代など）については交際費等として処理すべきであると思わ

れます。

【参考法令等】
措通61の4(1)-9(5)（広告宣伝費と交際費等との区分）

　工場見学という名目で得意先を旅行に招待したとしても、その実態が接待であれば、工場見学に直接要した費用以外については交際費等に該当することに留意する必要があります。

3-22 製品見本として自社製品を贈呈する費用

Q 当社はオーディオ機器メーカーですが、今回新製品を発売することになりました。それに伴い、大口取引先である販売取扱店の販売担当者個人に、製品見本としてこの新製品を1台（売価50,000円程度）贈呈することとしました。

この新製品を贈呈した目的は、この新製品の良さをその販売担当者が理解し、販売促進に役立ててもらうためであるため、その贈呈費用を広告宣伝費として処理したいのですが可能でしょうか。

A 本事例における得意先の販売担当者個人に新製品を贈答するための費用は、見本品の交付とは認められず、交際費等に該当します。

解説

一般的に、法人が得意先等に対する見本品、試用品の供与に通常要する費用は広告宣伝費や販売促進費に該当し、交際費等には含まれません。

これは、自社製品に関する情報を伝え、その購入の際の判断材料としてもらうための費用であるためと考えられます。

しかし、ここでいう見本品はその製品を事業者が事業の用に供することを予定しているものをいい、事例のように得意先の販売担当者個人に贈呈されるようなものではありません。また、事例における見本品は特

に見本品として製作されたものではなく、通常販売する製品をそのまま見本品として贈呈しています。

　したがって、本事例における新製品の贈呈は、見本品として広告宣伝や販売促進の用に供してもらうというより、その販売員に積極的に自社製品を販売してもらうことを期待しての一種の贈答であると考えられ、その贈答費用は交際費等に該当すると判断されます。

【参考法令等】
61の4(1)-9(6)（広告宣伝費と交際費等との区分）
61の4(1)-15(9)（交際費等に含まれる費用の例示）

　なお、この場合における交際費等の額は、その売価相当額ではなく原価相当額となります。

3-23

広告宣伝用資産の寄贈費用

当社は、食料品の製造販売業を営んでいますが、今回、販促活動の一環として、陳列ケースを取引先である小売店に寄贈することにしました。

この陳列ケースは、当社のロゴが全面に記載された広告宣伝を目的としたものであり、その製作原価は1台当たり20万円です。

この陳列ケースの寄贈に要した費用は、得意先に対する贈答費用であるとして、交際費等として処理すべきでしょうか。

本事例における陳列ケースの寄贈費用は、交際費等には該当しませんが、繰延資産に該当します。

解説

本来、得意先等に対する資産の贈答に要する費用は交際費等に該当します。

しかし、その資産が広告宣伝用資産（広告宣伝用の看板、ネオンサイン、緞帳、陳列棚、自動車のような資産）である場合、その資産は不特定多数の者に対する広告宣伝を行うことを目的とする資産に該当することから、その寄贈費用は交際費等には該当しません。

ただし、その広告宣伝用資産が得意先等において存在する限り、その広告宣伝の効果が維持されることから、その費用は繰延資産に該当する

ことになります。

　本事例における陳列ケースも、会社のロゴが全面に記載された広告宣伝を目的とした資産であると考えられ、その寄贈に要した費用は繰延資産として処理する必要があります。

　なお、繰延資産として計上した場合、その償却期間はその広告宣伝用資産の法定耐用年数の70％（１年未満切り捨て、５年を超える場合は５年）となります。

【参考法令等】
法令14①六ニ（繰延資産の範囲）
法法32（繰延資産の償却費の計算及びその償却の方法）
法通８－２－３（繰延資産の償却期間）

　　　　　　法人に資産を寄贈した場合、その資産が広告宣伝用資産に該当するものであれば交際費等には該当しませんが、支出時にその全額を損金算入することはできず、繰延資産として資産計上しなければならないことに注意する必要があります。

　なお、広告宣伝用資産の寄贈を受けた側は受贈益を計上することになりますが、その処理については法人税基本通達４－２－１（広告宣伝用資産等の受贈益）をご参照ください。

3－24

モニターの活動に対する費用

　当社は、電気器具のメーカーですが、新製品開発の参考とするため試作品を一般消費者に使ってもらい、その使用結果や改善点につきアンケート形式で報告を受けています。

　アンケート回収後、この試作品を贈呈するとともに、別途、モニターに参加した謝礼として商品券を交付しています。

　この、モニター活動に係る費用は、交際費等に該当するのでしょうか。

　本事例におけるモニター活動に係る費用は、交際費等には該当しません。

解説

　製造業者又は卸売業者が、自己の製品又はその取扱商品に関し、これらの者の依頼に基づき、継続的に試用を行った一般消費者又は消費動向調査に協力した一般消費者に対しその謝礼として金品を交付するために通常要する費用は交際費等に該当しないこととされています。

　したがって、本事例におけるモニター活動に係る費用は交際費等には該当しないことになります。

　なお、この取扱いは、一般消費者が行うモニター活動費用に係るものです。例えば、取引先の役員や従業員にモニター活動を依頼して不相当に高額な謝礼金を支払った場合や、活動の実態が明らかでないのに謝礼

金を支払ったような場合には、その謝礼金は、取引先の役員等に対する利益供与であるとして、交際費等とされる場合がありますので注意が必要です。

【参考法令等】
措通61の4(1)-9(7)（広告宣伝費と交際費等との区分）

アドバイス 　正当なモニター活動に対する対価であることを明らかにするため、モニターにより回収した資料、その集計結果や分析資料等を保管しておく必要があると思われます。

福利厚生費

慶弔規定がないにもかかわらず支出された慶弔金

Q 当社では、従業員に慶弔等があった場合に祝金や香典等を支出することとしていますが、小規模な法人であるため、その金額についての慶弔規定等はなく、その都度、社長がその金額を決定しています。

このような規定に基づかない慶弔金の支出に要する費用については福利厚生費ではなく、交際費等あるいは、その従業員に対する給与として処理しなければならないのでしょうか。

A 社会通念上相当と認められる金額であれば、慶弔規定等がなくても、福利厚生費として処理することが認められます。

解説

従業員や役員又はその親族等の慶弔・禍福に際して、慶弔規定など一定の基準に従って支出される金品に要する費用については、交際費等や給与ではなく福利厚生費として取り扱われています。

ところで、本事例のように一定の基準がない法人が従業員等に対して慶弔金を支出した場合ですが、その場合でも、その支出が社会通念上相

当と認められる範囲内の金額であれば、その支出に要する費用は福利厚生費としての処理が認められます。

これは、①小規模な法人では慶弔規定を設けていない法人が多い、②従業員等に慶弔等があった場合に法人が一定の見舞金を支出することが我が国では一般的な慣行である、という理由に基づくものです。

【参考法令等】
措通61の4(1)-10(2)（福利厚生費と交際費等との区分）

アドバイス　慶弔規定がない法人が、従業員等に対して慶弔金を支出する場合、その額が社会通念上相当と認められる範囲内の金額であることはもちろんですが、それに加えて法人内においてバランスの取れている支出額であることも必要とされますので注意が必要です。

3-26

創立50周年に当たり支給する記念品

当社は、当期が創立50周年にあたることから、それを記念して、従業員、OB会（定年退職者で構成）会員、取引先社員に対し以下の記念品を支給しています。

(1) 従業員（150人）：ボールペン（購入価額3,000円）
(2) 元従業員（100人）：掛時計（購入価額5,000円）
(3) 取引先社員（200人）：(1)と同じボールペン

なお、記念品にはいずれも創立50周年のシンボルマークが入っています。

この記念品支給に要した費用のうち、どの費用を交際費等として処理すればよいのでしょうか。

記念品支給に要した費用のうち、(3)の取引先社員に対して支給した費用が交際費等に該当します。

解説

創業記念品で、①その記念品が社会通念上記念品としてふさわしいもので、②処分見込価額が10,000円以下であり、③創業後相当な期間（おおむね5年以上の期間）ごとに支給されるものについては、その従業員等に対する給与課税を行わないこととされています。

また、社内の行事に際して支出した次の費用で①創立記念日、新社屋

落成式等に際し従業員に対しおおむね一律に社内において供与される通常の飲食に要する費用や、②従業員等（元従業員等を含みます。）やその親族等の慶弔、禍福に際し一定の基準に従って支給される金品に要する費用については交際費等ではなく福利厚生費として処理することが認められています。

このような考え方により、本事例における記念品贈答費用のうち従業員に対するものについては福利厚生費として処理が可能であると思われます。

また、元従業員に対して支給された創業記念品等についても、上記の取扱いに準じて、それが一律に支給されている場合には、従業員に対するものと同様に取り扱われることになると思われます。

したがって、本事例の場合、取引先の社員に対して支給した費用のみが取引先等に対する物品の贈答費用であるとして交際費等に該当することになります。

【参考法令等】
所通36－22(1)（課税しない経済的利益……創業記念品等）
措通61の4(1)－10(2)（福利厚生費と交際費等との区分）
国税庁ホームページ：質疑応答事例「創立100周年に当たって元従業員に支給する記念品」

アドバイス 本事例における元従業員に対するものについての取扱いは、元従業員に一律に支給される創業記念品については従業員と同様に取り扱うことが相当であるという考え方に基づくものです。

3 – 27 社葬費用

 当社の創業者である会長が亡くなり、社葬を執り行うことになりましたが、参列者は当社の仕入先や得意先など事業に関係する人がほとんどです。
この社葬に係る費用は交際費等に該当するのでしょうか。

 交際費等には該当せず、交際費等以外の科目（福利厚生費など）で処理することができます。

解説

　法人の役員又は使用人が死亡したため社葬を行い、その費用を負担した場合、①その社葬を行うことが社会通念上相当と認められるときは、②その負担した金額のうち社葬のために通常要すると認められる部分の金額は、その支出した日の属する事業年度の損金の額に算入することができます。
　①の「社葬を行うことが社会通念上相当であると認められるとき」ですが、これは、亡くなった方の生前の法人への貢献度や亡くなった理由（業務上、業務外の区別など）を考慮して判定されます。
　法人が社葬を執り行う充分な理由があれば、福利厚生費として処理することができます。
　次に、②の「社葬のために通常要すると認められる費用」ですが、こ

れは社葬を執り行うために直接必要となる費用をいい、具体的には次のような費用が挙げられます。

・社葬の通知、広告に要する費用

・僧侶へのお布施

・葬儀場、臨時駐車場の使用料

・遺骨、遺族、来賓の送迎費用

・祭壇、祭具の使用料

・交通整理等の警備員の費用

・供花、供物、花輪、榊の費用

・運転手、葬儀委員への心付け

・受付用テント、照明器具などの使用料

・遺族、葬儀委員への飲食代

・受付備品、案内紙、会計備品の費用

・会葬者への礼状や粗品代

なお、次のような費用は、本来、遺族等が負担すべきものであり、社葬費用として法人の負担とすることはできません。

・密葬の費用

・納骨の費用

・戒名料

・仏具、仏壇の費用

・墓地霊園の費用

・初七日の費用

・四十九日の費用

【参考法令等】
法通9－7－19（社葬費用）

アドバイス 単に会社の役員であったというだけで社葬扱いにした場合の費用や、本来、遺族等が負担すべき費用を法人が負担したような場合において、その遺族が、法人の役員等である場合にはその役員等に対する賞与、取引先など事業に関係する者である場合には交際費等、その他の場合は寄附金とされる場合がありますので注意が必要です。

　なお、社葬の際に受け取った香典については、遺族が受け取る、会社が受け取って雑収入計上する、どちらの処理も認められています。

代理店従業員に係る健康診断費用の負担

Q 当社は、従業員に対する健康診断を自社の医療施設で行っていますが、診断人員に余裕があるため当社の代理店の全役員、従業員に対しても希望者には健康診断を受けさせています。

当社はこの代理店の従業員等に係る健康診断に要する費用を全額負担していますが、この費用は交際費等に該当するのでしょうか。

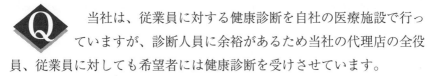

A 本事例における代理店の従業員等に対する健康診断に要する費用は、交際費等に該当しないものとして取り扱われます。

法人が販売促進の目的で、特定の地域の得意先である事業者に対して販売奨励金等として金銭や事業用資産を交付するための費用は交際費等には該当しないものとされています（ただし、交際費等の負担額として交付されるものを除きます。）。

本事例における代理店の全従業員等の健康診断に要する費用の負担額についても、形を変えた一種の販売奨励金であると考えられますので、交際費等には該当しないことになります。

なお、当社の代理店の全役員、従業員を被保険者とする掛捨ての生命保険の保険料を負担した費用も同様に交際費等には該当しないこととされています。

【参考法令等】
措通61の4(1)-7（事業者に金銭等で支出する販売奨励金等の費用）

アドバイス　代理店の従業員等を対象とする場合でも、その代理店の役員や部課長のみなど、特定の従業員等のみをその負担の対象としているような場合には、その負担額は交際費等に該当しますので注意が必要です。

第3章 各勘定科目と交際費等【福利厚生費】

3-29 下請企業の従業員に対する見舞金

Q 当社は、機械製造業を営んでいます。今回、当社の下請企業であるA社の従業員の親族が亡くなられたため、当社は、その従業員に対し、当社の従業員と同一の基準に基づき見舞金を支給しました。

なお、A社は、当社専属の下請企業であり、A社の従業員は、当社の工場内において作業を行っています。

このA社の従業員に対して支出した見舞金は、企業外部の者に対するものであるとして交際費等に該当するのでしょうか。

A 本事例における見舞金は、交際費等に該当しないものとして取り扱われます。

解説

本来、下請先やその従業員に対して支給した見舞金や祝い金などは交際費等に該当するものです。

しかし、下請企業の従業員等であっても、専属的に自己の工場や作業現場等において従事している者に対して支給するものについては、その実態が自己の従業員と同様の事情にあることから、福利厚生のための費用、あるいは業務委託のための費用として取扱い、交際費等には該当しないものとされています。

したがって、本事例における見舞金については、交際費等には該当しないこととなります。

同様に自己の下請企業の従業員等のために支給する費用で交際費等に該当しないものとして次のようなものが挙げられます。

①	工場内や工事現場等における業務の遂行に関連して災害を受けたことに対する見舞金品を支出するための費用で、自己の従業員等に対する基準に準じて支払われるもの
②	工場内や作業現場等における無事故の記録が達成されたことにより、その工場内や工事現場等において経常的に業務に従事している下請企業の従業員等に対し、自己の従業員等とおおむね同一の基準により表彰金品を支給するために要する費用
③	自社の業務の特定部分を継続的に請け負っている企業の従業員等で、専属的にその業務に従事している者(例えば検針員、集金員等)の慰安のために行われる旅行、運動会、演芸会等のために通常要する費用を負担する場合のその負担額

【参考法令等】
措通61の4(1)-18(下請企業の従業員等のために支出する費用)

本事例はあくまでも、専属的に自己の工場や工事現場等において従事している者に対する取扱いですので、ご注意ください。

第3章 各勘定科目と交際費等【給与】

|給与|

3-30

専務の結婚披露宴費用の会社負担

　当社の社長の長男であるA専務がこの度結婚しました。A専務は、将来、現社長の跡を継ぐことが予定されています。

結婚披露宴は、これを機会に、専務の顔を広く覚えてもらうこともあり、取引先、同業者、当社の役員、従業員を多数招待し盛大に行いました。

当社は、この結婚披露宴の費用全額を会社負担とし、交際費等として処理することを考えていますが可能でしょうか。

　披露宴に係る費用は、交際費等ではなくA専務に対する賞与（損金不算入）となります。

解 説

結婚式や結婚披露宴は、社会通念上、個人的色彩が強い私的な行事であり、その費用は、個人が負担すべきものであるとされています。

したがって、そのような費用を会社が負担した場合は、たとえ、出席者の中に取引先や同業者等の事業関係者が多数含まれていたとしても、会社の交際費等として処理することはできません。

本事例の場合は、本来、A専務個人が負担すべき費用を法人が負担したということになります。

よって、結婚披露宴の費用は、貴社がA専務に役員給与を支給したも

のとして取り扱われ、かつ、臨時的な支給ですから、貴社が計上した費用は役員賞与（損金算入が認められない役員給与）に該当することになります。

【参考法令等】
法法34①（役員給与の損金不算入）
法通9－2－9⑽（債務の免除による利益その他の経済的な利益）

アドバイス　税務調査により、役員の個人的費用を会社が負担し、損金としている事実が明らかになった場合、その費用が臨時的なものであれば、損金不算入となる役員給与として損金処理が認められないだけではなく、その役員個人に対する源泉所得税も追加納付する必要が生じます。

(参考)
　役員給与に係る取扱いの概要を図示すると次のようになります。

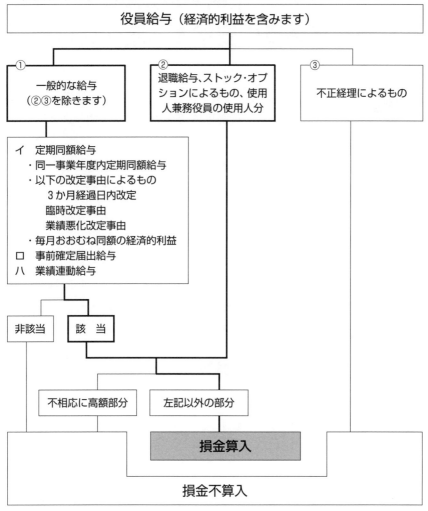

(財務省資料を一部改定)

3-31

役員や従業員に支給する渡切交際費

当社は、役員の交際費支出を抑制するため、毎月10万円を各役員に支給し、その範囲内で交際費を支出するよう取り決めています。

なお、役員に対し、その支出内容の会社への報告は求めておらず、仮に余剰金が生じてもその返還は必要ないこととしています。

この役員に対する支出は交際費等に該当するのでしょうか。

毎月10万円の支出は、各役員に対する給与として取り扱われ、交際費等には該当しません。

解 説

交際費名目で役員や従業員に対して、その使途の報告を求めず余剰金の精算も行わない金銭の支給、いわゆる渡切交際費の支給については、たとえ交際費に使用する目的で支給したとしても、その役員や従業員に対する給与として取り扱われます。

これは、使途の報告及び精算が不要な金銭の支給は、その支給を受けた者が任意に処分できることから、その者に対する給与の性質を有するものであると考えられるからです。

なお、本事例のように、役員に対し毎月同額の渡切交際費を支給した場合、その支給額は定期同額の役員給与として取り扱われ、過大役員給

与に該当しない限り損金算入が認められます。

【参考法令等】
法通9－2－9(9)（債務の免除による利益その他の経済的な利益）
措通61の4(1)－12（給与等と交際費等との区分）
所通28－4（役員等に支給される交際費等）

アドバイス 役員や従業員の給与とされないためには、各役員や従業員が支出した交際費等につき、会社宛の領収書等を添えて報告を行い、過不足額が生ずればその額を確実に精算するというような手続きが必要となります。

会議費

3-32 交際費等にならない会議費の範囲

当社は、3か月に一度、当社の会議室で主要販売特約店の幹部と販売方針に係る会議を開催しています。

会議は、午前10時から午後4時まで行われ、昼食時には近所のレストランで簡単なランチを提供していますが、その際、ビールを1人当たり小瓶1本程度提供しています。

このような会議途中の昼食代は交際費等に該当するのでしょうか。

会議の際の昼食代（会議費）として取り扱われ、交際費等には該当しません。

解説

会議に関連して、茶菓、弁当その他これらに類する飲食物を供与するために通常要する費用は交際費等に該当しないものとされています。

また、この費用には、①会議に際し、②社内又は通常会議を行う場所において、③通常供与される昼食の程度を超えない飲食物等の接待に要する費用も含まれます。

①の「会議」には、来客との商談、打合せ等が含まれることとされ、②の「社内又は通常会議を行う場所」には、社内の会議室や貸会議室はもちろんですが、会議や昼食を取る適当な場所がないときは、近所の貸会議室やホテル、食堂やレストランでも差し支えないものとされます。

また、③の「社内又は通常会議を行う場所において通常供与される昼食」とは、食堂やレストラン等で提供される通常のランチや弁当程度のものをいい、これにはコーヒーや紅茶、ビール1本程度の酒類が含まれるものと考えられます。
　したがって、本事例における昼食代は交際費等には該当しないことになります。

【参考法令等】
措令37の5②二（交際費等の範囲）
措通61の4(1)-21（会議に関連して通常要する費用の例示）

アドバイス　会議費と10,000円基準の関係ですが、10,000円基準は、本来、交際費等に該当する飲食費のうち1人当たり10,000円以下のものを交際費等の範囲から除外するというものです。
　したがって、本事例のような会議に関連する飲食費であれば、たとえ1人当たり10,000円超の飲食であっても、その費用が会議に通常要する費用として認められるものであれば交際費等に該当しないものとされます。

3-33 座談会における食事代

　当社は出版業を営んでいますが、ホテルや料理店で座談会を行い、その内容を雑誌の記事にする場合が多くあります。

この座談会開催の際の食事代、会場費などは交際費等に該当するのでしょうか。

　この座談会における食事代については、交際費等に該当しません。

解説

　新聞、雑誌等の出版物や放送番組を編集するために行われる座談会など記事の収集や放送のための取材に通常要する費用は交際費等に該当しないものとされています。

　したがって、本事例における食事代、会場費などは交際費等に該当しません。

　ただし、取材に理由をつけた飲食等による接待や、座談会が終了した後、打ち上げで飲食による接待等を行った場合には、その飲食等に係る費用は交際費等とされる場合がありますので注意が必要です。

　なお、この取扱いは出版業や放送業などのマスコミ業に係る取扱いであり、一般の企業が社内報作成のため社内の役員や従業員に取材するためのような費用については、一般的な会議費か交際費等かの区分による

取扱いとなります。

【参考法令等】
措令37の5②三(交際費等の範囲)

　　取材のために要した費用であるということを立証するために、取材の場所や内容が明らかとなる資料、取材の結果編集された記事等を保管し、その支出目的を明確にしておく必要があると思われます。

会費

3-34 ゴルフクラブの入会金

当社は、この度、得意先の接待に利用するため、新規にオープンしたＡゴルフクラブに法人会員として入会しました。

Ａゴルフクラブは、将来脱退しても、支払った入会金の返還は認めない規約になっています。

このＡゴルフクラブに支払った入会金は、入会時に交際費等として処理すべきでしょうか。

Ａゴルフクラブに支払った入会金は、交際費等として費用処理するのではなく、資産計上する必要があります。

解説

ゴルフクラブの入会金や他から購入したゴルフクラブ会員権の実質は、ゴルフ施設利用権（一種の無形固定資産）であるといわれています。

そして、その施設利用権は、

① 永久利用権としての性格を有しており、ゴルフ場でプレーが可能である限りその利用権の価値は減少しない

② 会員権を他に譲渡することにより、投下資金を回収できる

③ 水道施設利用権や電気通信施設利用権のように、税務上、償却が可能な無形減価償却資産として列挙されていない

というような性質を有しており、いわば無形の非減価償却資産である

ということができます。

したがって、法人が、その業務に利用するため入会したゴルフクラブの入会金については、たとえ脱会時に返還を受けられない場合や、権利を他人に譲渡できない場合であっても、プレーが可能である限り資産計上する必要があり、その償却も認められないこととされています。

よって、本事例の場合におけるAゴルフクラブの入会金については、たとえ接待目的で入会したとしても入会時の交際費等処理は認められず、資産として計上する必要があります。

【参考法令等】
法通9－7－11（ゴルフクラブの入会金）

他人の有するゴルフ会員権を購入し、資産計上する場合には、その購入代価にゴルフクラブに支払う名義書換手数料、ゴルフ会員権取扱業者に支払う購入手数料を含めて資産計上する必要があります。

3-35

ゴルフクラブの名義書換料、年会費等

 当社は、得意先等の接待に用いるため、Aゴルフクラブの記名式法人会員権を保有し、資産計上しています。

今回、役員の交代に伴い、その登録名義を新役員名に書き換えるためAゴルフクラブに名義書換料を支払っています。

また、Aゴルフクラブに対しては毎年、年会費及び年決めロッカーフィーを支払っています。

これら、名義書換料、年会費及びロッカーフィーについてはプレー代とは異なるため、交際費等に含めず処理しても差し支えないでしょうか。

 いずれの費用も広い意味で接待等のために要した費用に該当しますので、交際費等として処理すべきものです。

解説

本事例のように、すでに法人が保有している会員権における会員の名義を書き換えるための費用及び年会費、年決めロッカーフィーは交際費等に該当します。

これらの費用は、ゴルフ場における接待等を継続するために必要とされる費用であり、プレー代の一部として支払われるものであるという考

え方によるものです。
【参考法令等】
法通9－7－13（年会費その他の費用）

　本事例のような名義書換料のほかに、ゴルフ会員権を他から取得する際に支出した名義書換料がありますが、この費用はゴルフ会員権取得のために要する費用としてその会員権の取得価額に含める必要があります。

3-36

ゴルフ会員権の譲渡損

当社は、得意先等の接待に利用するため、Aゴルフクラブの会員権を保有していましたが、利用頻度も少ないため今回、譲渡することにしました。

譲渡時において、Aゴルフクラブの会員権相場は取得時と比べて大幅に下落していたため譲渡損が生じています。

この会員権は接待用として購入したものであるという理由から、会員権譲渡時に生じた譲渡損は交際費等として処理する必要があるのでしょうか。

会員権の譲渡により損失が生じた場合でも、その損失を交際費等として処理する必要はありません。

解説

ゴルフクラブの会員権を他に譲渡したことにより生じた会員権の譲渡損失については、その譲渡をした日の属する事業年度において損金の額に算入することになります。

この場合、接待用として保有していたゴルフクラブの会員権を譲渡することにより損失が生じた場合でも、その損失については、交際費等には該当しないものとされています。

これは、交際費等は、接待、供応、慰安、贈答等のために要した費用

であるとされていますが、ゴルフクラブ会員権を譲渡したことにより生じた損失はこれらの行為と直接的な関係はないという理由に基づくものであると思われます。

【参考法令等】
措法61の４（交際費等の損金不算入）
法通９－７－12（資産に計上した入会金の処理）

　　ゴルフ会員権の譲渡損失と同じく、脱会しても入会金の返還を受けることができないゴルフクラブを脱会した場合において生じる入会金の償却損についても同様に交際費等には該当しないものとされています。

3 – 37
ロータリークラブの入会金、会費

 当社のA氏は、この度、B市にある支店の支店長に就任しました。

支店長就任を機会にA支店長は、B市にあるロータリークラブに入会することになりましたが、ロータリークラブでの活動の目的には個人的な会員相互間の交流も含まれていると思われます。

したがって、このロータリークラブの入会金や経常会費はA支店長に対する給与として処理すべきでしょうか。それとも交際費等として処理すべきものでしょうか。

 ロータリークラブの入会金、経常会費は、法人の交際費等として処理することになります。

解説

ロータリークラブやライオンズクラブは、産業別の法人の経営者や個人事業者が会員であり、その活動目的は社会連帯の高揚や社会奉仕とされていますが、一方において会員相互間の交流を深める団体であるという側面もあるようです。

そこで、その入会金等については、税務上次のように取り扱われることとされています。

① 入会金や経常会費についてはその支出の日の属する事業年度の交際

費等とします。

② それ以外に負担した金額については、その支出の目的に応じて寄附金又は交際費等とされますが、会員たる特定の役員又は使用人の負担すべきものであると認められる場合には、その役員又は使用人の給与とされます。

【参考法令等】
法通9－7－15の2（ロータリークラブ及びライオンズクラブの入会金等）

アドバイス 　ロータリークラブの入会金や経常会費は交際費等になりますが、特別会費については、その内容により、寄附金や給与になる可能性もありますので注意が必要です。

　ロータリークラブなどとよく似た団体として青年会議所（JC）があります。JCの会費については、会費も割安であり、会費の使途も一般的に交際費等に該当するような支出に充てられている部分は少ないという理由から、個々のJCの事業内容に照らして、交際費以外の経費としての性質がある部分については、その内容に応じた処理を行うことが認められています。

3-38

親睦団体の会費

 当社は大手ゼネコンA社の下請企業ですが、A社及びその下請企業で構成されているA共栄会に入会し、毎月、会費を支払っています。

A共栄会の活動目的は、会員相互の親睦と情報交換で、数か月に一度懇親会を開くほか、ゴルフコンペや忘年会を行っています。

このA共栄会に対する会費の支払は、交際費等に該当するのでしょうか。

 A共栄会は親睦を目的とする会であり、その会費は交際費等に該当します。

解説

法人が団体等に対する会費その他の経費を負担した場合においても、その団体が専ら団体相互間の懇親のための会合を催す等のために組織されたものであるときは、その会費等の負担は交際費等の支出があったものとされます。

本事例の場合、A共栄会における支出の内容が、会員相互間の親睦を目的とするためのものであれば、支出した会費は交際費等に該当することになります。

【参考法令等】
措通61の4(1)−23(3)（交際費等の支出の方法）

　　さまざまな団体の会費を支払う場合、①その団体の活動目的を会則等で確認する、②活動状況を会報や案内状等で確認する、③収支報告書を入手する、などの方法により、支出した会費が交際費等に該当しないかどうかを検討することが必要です。

3-39

社交団体の入会金等の法人負担

 当社のA営業部長は、社交団体であるB倶楽部に個人会員として入会していますが、その倶楽部の入会金及び年会費（入会金等）は当社が負担しています。

入会金等を法人負担としているのは、B倶楽部には法人会員制度がないためであり、A部長のB倶楽部での活動は当社の営業活動に大きく寄与しています。

当社が支出したこの入会金等は、当社の交際費等として処理するのでしょうか、それともA営業部長に対する給与となるのでしょうか。

 その入会が法人の業務の遂行上必要があると認められるときは、交際費等として処理することになります。

解説

税務上、社交団体（ゴルフクラブ及びレジャークラブを除く。）の入会金は他に譲渡できず、脱会の際にも返還されない場合が多いため、法人会員として入会する場合、その入会金は支出の日の属する事業年度の交際費等とされます。

また、個人会員として入会する場合には、原則として、その会員である特定の役員又は使用人の給与とされます。

ただし、本事例のように、法人会員制度がないため個人会員として入

会した場合で、その入会が法人の業務の遂行上必要があると認められるときは、その入会金は支出の日の属する事業年度の交際費等とされます。

次に、年会費などの経常会費については、その入会金が交際費等に該当する場合には交際費等とし、その入会金が給与に該当する場合には会員たる特定の役員又は使用人の給与とされます。

また、経常会費以外の会費については、その費用が法人の業務の遂行上必要があると認められる場合には交際費等とし、会員たる特定の役員又は使用人が負担すべきものであると認められる場合にはその役員又は使用人の給与とされます。

【参考法令等】
法通9－7－14（社交団体の入会金）
法通9－7－15（社交団体の会費等）
法通9－7－11（ゴルフクラブの入会金）

アドバイス 法人が支出したゴルフクラブやレジャークラブの入会金については原則として資産計上する必要がありますが、社交団体の入会金は、入会金の支出の日の属する事業年度の費用（交際費等又は給与）として処理することになりますので注意が必要です。

旅費交通費

接待に係るタクシー代

Q 当社のＡ営業部長が得意先のＢ社長を料亭で接待し、その飲食費の全額を当社が負担していますが、料亭での飲食が終了した後、Ｂ社長を自宅までお送りするためのタクシー代も負担しています。

さらに、Ｂ社長を料亭にお迎えするためのタクシー代や、当社のＡ営業部長が会社から料亭まで、料亭からＡ営業部長の自宅まで移動するためのタクシー代も当社が負担しています。

これらのタクシー代は接待のための飲食代とは直接関係がないため交際費等に含めず、旅費交通費として処理してもよいでしょうか。

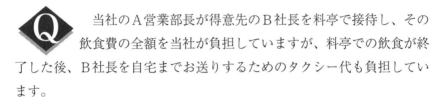

A 本事例に係るタクシー代すべてが交際費等に該当します。

交際費等とは、交際費、接待費、機密費その他の費用で、法人が、その得意先、仕入先その他事業に関係のある者等に対する接待、供応、慰安、贈答その他これらに類する行為のために支出するものとされています。

本事例におけるタクシー代も、接待等に係る飲食費用とは異なりますが、接待等に類する行為に含まれます。

したがって、得意先のＢ社長に係るタクシー代だけではなく、当社のＡ営業部長に係るタクシー代についても、料亭でのＢ社長接待に関連する費用となりますので交際費等に該当することになります。
　なお、接待等において運転代行業者に支払った費用も同様に、交際費等に該当することになります。

【参考法令等】
措法61の４⑥（交際費等の損金不算入）

　接待に係るタクシー代については、税務調査により交際費等の加算漏れとして指摘を受ける場合が多いようです。特に、本事例における、貴社のＡ営業部長に係るタクシー代も交際費等に該当するということにつき注意が必要となります。

3-41

接待を受けるためのタクシー代

Q 当社は取引先が主催する料亭での接待に招かれ、当社の役員が出席しましたが、その料亭に行くためのタクシー代(当社→料亭、料亭→自宅)を当社が負担しています。なお接待の費用はすべて取引先が負担しています。

当社が負担した、このタクシー代は、交際費等に該当するのでしょうか。

A このタクシー代は、接待、供応等のために支出する費用ではないため、交際費等以外の単純損金(旅費交通費)となります。

解説

交際費等とは、交際費、接待費、機密費その他の費用で、法人が、その得意先、仕入先その他事業に関係のある者等に対する接待、供応、慰安、贈答その他これらに類する行為のために支出するものとされています。

本事例における貴社負担のタクシー代は、取引先が行う接待場所に行くために、すなわち、他社が行う接待を受けるために支出する貴社の業務遂行のための費用であり、貴社が得意先等を接待するために支出したものではありません。

したがって、本事例に係るタクシー代は交際費等に該当しないことになります。

【参考法令等】
措法61の4⑥（交際費等の損金不算入）
国税庁ホームページ：質疑応答事例「交際費等の範囲（接待を受けるためのタクシー代）」

アドバイス　自社が得意先等を接待する場合において、得意先等を会場まで案内するために支出するタクシー代は、得意先に対して自社が行う接待のために支出するものですから、交際費等に該当することとなります。

租税公課

交際費等に該当する租税公課

　　当社は、ゴルフ場での接待の際に負担したゴルフ場利用税を租税公課として処理しています。
　この費用は接待・供応等とは直接関係しない租税公課であるため交際費等には該当しないと考えてもよろしいでしょうか。

　　本事例におけるゴルフ場利用税は、接待等に関連して支払われたものであり、交際費等に該当します。

解説

　交際費等とは、接待、供応、慰安、贈答その他これらに類する行為のために支出するものをいいます。
　本事例におけるゴルフ場利用税などの租税公課も、ゴルフのプレー代としてゴルフ場に支払われたものではなく、ゴルフ場を利用したことに係る税金ですが、接待等に関連して支払われたものには変わりありません。
　したがって、たとえ交際費等以外の勘定科目で処理されていたとしても、税務上は交際費等として取り扱う必要があります。

【参考法令等】
措法61の4⑥（交際費等の損金不算入）

 本事例におけるゴルフ場利用税と同様、交際費等に該当する租税公課として、得意先等を温泉旅行で接待した際などに負担した入湯税や宿泊税が挙げられます。

3-43 控除対象外消費税額等に係る交際費等

Q 当社は、消費税等の処理について税抜経理方式を採用していますが、賃貸マンション（居住用）の家賃収入が一部あるため消費税等の課税売上割合が90％になっています。

このため、計上した仮払消費税等の全額を仮受消費税等から控除できず、控除対象外消費税等額等が生じています。

当社は、この生じた控除対象外消費税額等を全額損金処理していますが、損金処理したもののなかには交際費等に係るものも含まれています。

この損金処理した控除対象外消費税等額等のうち交際費等に係るものについてはどのように処理すればよいのでしょうか。

損金処理した控除対象外消費税等額等のうち交際費等に係るものについても、交際費等に含めて申告調整を行う必要があります。

解説

消費税等について税抜経理方式を採用している法人において、その課税期間における課税売上高が5億円超あり、かつ非課税売上げがある場合や課税売上割合が95％未満である場合には、計上した仮払消費税の全

額を仮受消費税から控除することはできず、控除対象外の仮払消費税（控除対象外消費税額等）が生じます。

　この控除対象外消費税額等の法人税法上の処理は、その法人の課税売上割合により異なります。

　課税売上割合が80％以上である場合には、生じた控除対象外消費税額等はすべて損金処理することができます。

　ただし、固定資産や棚卸資産など資産に係るものについては損金経理が必要となります。

　課税売上割合が80％未満の場合ですが、①一の資産に係る控除対象外消費税額等が20万円以上のものについては「繰延消費税額等」として資産計上し、5年（初年度は資産計上額の10分の1）で損金処理をします。②それ以外の控除対象外消費税額等については、課税売上割合が80％以上である場合と同様の処理となります。

　以上が控除対象外消費税額等に係る処理ですが、事例のように、損金処理した控除対象外消費税額等の中に交際費等から生じたものが含まれている場合、その部分については交際費等に該当しますので、その金額も含めて申告調整を行う必要があります。

【参考法令等】
法令139の4（資産に係る控除対象外消費税額等の損金算入）
消費税経理通達12（消費税法等の施行に伴う法人税の取扱いについて）

①消費税等の処理につき税抜経理方式を採用しており、②課税売上高が5億円超又は課税売上割合が95％未満である場合で、③交際費等に係る仮払消費税がある場合には、損金処理した交際費等に係る控除対象外消費税額等発生の有無を検討する必要があります。

(参考)

　交際費等として取り扱われる損金処理した交際費等に係る控除対象外消費税額等は、仕入税額控除額の算定において(1)一括比例配分方式による場合、(2)個別対応方式による場合、それぞれ次のように計算されます。

(1)　一括比例配分方式による場合

$\left[\text{交際費等に係る消費税額} \times \left(1 - \text{消費税の課税売上割合}\right)\right]$が交際費等の額になります。

(2)　個別対応方式による場合

①	課税売上げにのみ要する課税仕入れ等に係るもの
②	非課税売上げにのみ要する課税仕入れ等に係るもの
③	課税売上げ・非課税売上げに共通して要する課税仕入れ等に係るもの

　上記の3つに区分し仕入控除税額を計算します。

　よって、交際費等に係る消費税額についても3つに区分し計算することとなります。

　①については、全額控除対象となるため控除対象外消費税額等は発生しません。

　②については、控除対象外となるため、②に係る消費税額等のうち交際費等に係るもの全額が交際費等の額になります。

　③については、[③に係る消費税額のうち交際費等に係るもの×(1－消費税の課税売上割合)]部分が交際費等の額になります。

　結果、[②に係る消費税額等のうち交際費等に係るもの＋③に係る消費税額のうち交際費等に係るもの×(1－消費税の課税売上割合)]が交際費等の額になります。

補償金等

3-44

日照権侵害に対する補償金

Q 建築業を営む当社は、現在、マンションを建設中です。ところが、このマンション建設により地域の住民に日照妨害の被害が生じることが判明したため、地域住民から建設反対の声があがり建設工事が中断する事態が生じました。

そこで当社は、マンション建設により日照が妨げられることとなる時間数を基準として、被害を受ける地域住民全員に対し補償金を支払うこととしました。

この補償金は、工事再開を期待して地域住民という事業関係者に対して支払われた地元対策費であるとして交際費等として処理する必要があるのでしょうか。

A 日照妨害の被害の程度に応じて補償金を支払っており、交際費等には該当しないと思われます。

解説

建設業者が、高層ビルやマンション等の建設に当たり、いわゆる地元対策費を支出することがよく見受けられます。

地元対策費のうち、周辺の住民の同意を得るために、その住民や関係者を旅行、観劇等に招待する費用、あるいはこれらの者に酒食を提供したり金品を贈答するために要した費用については交際費等に該当します。

しかし、地元対策費でも、日照妨害や風害、電波障害等に係る損害を補償するためにその住民に交付する金品は交際費等に該当しないこととされています。
　本事例の場合、マンション建設による日照権侵害の事実があり、その侵害の程度に応じて補償金が支払われていますので、その補償金については交際費等に該当しないことになります。

【参考法令等】
措通61の4(1)-15(7)（交際費等に含まれる費用の例示）

アドバイス　交際費等に該当しない地元対策費、すなわち日照妨害や風害、電波障害等に係る補償金を支出した場合には、①建物等の建設に伴い、どのような被害が地域住民に生じたのか、②補償金の支払対象者をどのように決めたのか、③補償金の額をどのようにして算定したのか、というような事項につき、その事実関係を十分確認のうえ処理する必要があると思われます。

第3章 各勘定科目と交際費等【補償金等】

3-45

地元商店街に対する営業補償金

 スーパーマーケットを営む当社は、今回、A市に新たに店舗を建設することになりました。

ところが、新店舗の近辺にある商店街からスーパーマーケット進出により売上が減少するという理由で、強い新店舗建設反対運動が生じ、建設工事が中断する事態となりました。

そこで、当社は、この反対運動を抑えるため、商店街の各商店ごとの売上減少予想額を外部のコンサルタント会社に依頼して合理的に算定を行い、その金額をもとに各商店ごとに営業補償金を支払うこととしました。

この営業補償金は、各商店に係る売上減少予想額を合理的に算定して支払ったものであるため交際費等には該当しないと考えてもよいでしょうか。

 各商店に支払った営業補償金は、スーパーマーケット進出反対を抑えるための工作費的な性質を有し、交際費等に該当するものです。

解説

本来、既存の商店街の各店舗とスーパーマーケットとは自由競争を行うべきものであり、スーパーマーケット進出により商店街の各店舗の売

上が減少したとしても、スーパーマーケット側は営業補償を行う必要はありません。

　支払う必要のない金銭をあえて支払ったということになると、その支払われた金銭は営業補償金としての性格はなく、スーパーマーケット進出がスムーズに行われるための工作費、すなわち地元商店街が反対運動を止めることを期待した金銭の贈答という性格を持つものであると判断されます。

　したがって、本事例における営業補償金は、交際費等に該当することになります。

【参考法令等】
措通61の4(1)-15(8)（交際費等に含まれる費用の例示）

アドバイス　スーパーマーケット進出にあたり、地元商店街の商店から販売代理店等の権利を譲り受け、その結果、その商店が廃業や転業したことに対して補償金を支払ったような場合には、その補償金は交際費等には該当しないことになります。

災害関連費用

3-46

災害の場合の取引先に対する売掛債権の免除

卸売業を営む当社の主要得意先であるA社は、主要工場が台風により大きな被害を受けたため製品の生産ができなくなり、倒産の危機に直面しています。

このままでは、A社に対する売掛金の全額回収も危ぶまれるため、当社はA社を支援するため、その売掛金の一部を免除することにしました。

この売掛金免除額は得意先に対する利益供与であるとして、寄附金あるいは交際費等に該当するのでしょうか。

本事例におけるA社に対する売掛金の免除額は寄附金や交際費等には該当せず、損金処理が認められます。

解説

法人が、①災害（コロナ禍を含む）を受けた取引先に対して、②その復旧を支援することを目的として、③災害発生後相当の期間内に、④売掛金、貸付金等の債権の全部又は一部を免除したことによる損失の額は、寄附金や交際費等には該当せず、単純損金処理できるとされています。

これは、売掛金等の免除は、復旧支援を目的とする取引条件の修正と

いう実質があるという考え方によるものです。

したがって、本事例における売掛金の免除額は寄附金や交際費等には該当せず単純損金処理が可能となります。

【参考法令等】
法通9－4－6の2（災害の場合の取引先に対する売掛債権の免除等）

本事例のような売掛債権の免除は、あくまでも災害を受けた取引先が通常の営業活動を再開するための復旧過程にある期間に行うことが要件とされており、それを過ぎた時期に免除を行えば寄附金や交際費等とされる可能性がありますので注意が必要です。

第3章 各勘定科目と交際費等【災害関連費用】

3-47

取引先に対する災害見舞金の支出

当社の部品仕入先であるA社の工場が集中豪雨による水害にあいました。

A社の工場では、当社が使用する部品が製造されており、その部品が調達できなければ、当社の生産計画にも影響がでてきます。

そこで当社は、A社の工場が被災前の状況に一刻も早く戻ることを期待して、A社に対し災害見舞金を30万円支出しています。

この支出した見舞金は交際費等に該当するのでしょうか。

本事例のような状況のもと支出された見舞金で、災害発生後相当期間内に支出されたものであれば、交際費等には該当しません。

解説

得意先等の慶弔、禍福に際して支出された金品に係る費用は、慰安・贈答のための費用とされ一般的には交際費等に該当します。

しかし、被災した取引先に対して、取引先の復旧過程において支出される災害見舞金に係る費用は、慰安・贈答のための費用というより、それが被災前の取引関係の維持・回復を目的として、むしろ取引先の救済を通じて自らが蒙る損失を回避するための費用とみることができるため交際費等に該当しないものとして取り扱われます。

また、法人が、その取引先の被災の程度、取引先との取引の状況等を勘案した相応の額の災害見舞金を支出しているのであれば、その支出の程度は問われないと思われます。

　なお、法人が災害見舞金を、被災した取引先の役員や使用人個人に対して支出した場合には、個人事業主に対するものを除き、いわゆる付き合い等としての性質を有する支出であると考えられることから、このような支出は交際費等に該当するものとして取り扱われることになります。

　ただし、「取引先の役員や使用人」であっても、法人からみて自己の役員や使用人と同等の事情にある専属下請先の役員や使用人に対して、自己の役員や使用人と同様の基準に従って支給する災害見舞金品については、交際費等に該当しないものとして取り扱われます。

【参考法令等】
措通61の4(1)-10の3（取引先に対する災害見舞金等）
措通61の4(1)-15(3)（交際費等に含まれる費用の例示）
措通61の4(1)-18(4)（下請企業の従業員等のために支出する費用）

　　　　　　　　　　法人が災害見舞金を支出した際に、取引先から領収書等の発行を求め難い事情にあることも考えられます。
　このような場合には、災害見舞金の支出についての決裁文書を作成しておく、帳簿書類等に支出先の所在地、名称、支出年月日、手渡した場合の相手方担当者の氏名等を記録しておく、見舞金に添えたお見舞状や見舞金を包んだ袋のコピーを保管しておく、などの方法が考えられます。

3-48
被災した得意先従業員が避難している避難所への自社製品の提供

当社は食料品製造業を営んでいますが、災害時に被災者が避難している避難所に救援物資として自社製品を提供しました。

ただし、その救援物資の提供は、当社の主要な得意先の従業員が多数避難している特定の避難所に限定して行っています。

当社は、この自社製品の提供費用を広告宣伝費として処理していますが、今回の自社製品の提供は、得意先の従業員という特定の限られた者に対するものであり、寄附金又は交際費等に該当することになるのでしょうか。

本事例における自社製品を提供するための費用は、広告宣伝費に準ずるものに該当することになります。

解説

法人が、災害により被害を受けた不特定又は多数の者を救援するために緊急に行う自社製品等の提供に要する費用の額は、寄附金及び交際費等に該当しないもの（広告宣伝費に準ずるもの）として損金の額に算入されます。これは、自社製品等の提供が、国等が行う被災者に対する物

資の供給と同様の側面を有していることや、その経済的効果からいえば、広告宣伝費に準ずる側面を有していることによるものです。

一方、あらかじめ特定のごく限られた者のみに対する贈答（利益供与）を目的として行われた自社製品等の提供は、交際費等又は寄附金に該当します。

ただし、本事例のように、得意先の従業員等が避難している特定の避難所に対して行う自社製品の提供であっても、多数の被災者に対して救援のために緊急に提供した自社製品については、あらかじめ特定のごく限られた者のみに対する贈答とは異なることから、広告宣伝費に準ずるものに該当することになります。

【参考法令等】
法通9－4－6の4（自社製品等の被災者に対する提供）
国税庁　令和6年1月「災害に関する法人税、消費税及び源泉所得税の取扱いFAQ」
　　Q20（被災者に対して自社製品等を提供するための費用）

　自社製品の提供が、あらかじめ特定のごく限られた者のみに対する贈答を目的として行われた場合は、寄附金又は交際費等に該当することになりますので注意する必要があります。

その他

3 - 49
接待用の固定資産に係る減価償却費

 当社は、社長が釣り好きということもあり、社長自らが、接待で得意先を沖釣りに連れていく機会が多くあります。

今までは、釣りに行く度に、現地で船を借りていましたが、借りるよりもいっそ船を購入したほうが便利だということになり、当期に接待専用としてクルーザーを一隻購入しました。

当期からこのクルーザーに係る減価償却費を計上しますが、この減価償却費は交際費等に該当するのでしょうか。

 クルーザーに係る減価償却費は、交際費等には該当しません。

解説

交際費等とは、得意先に対する接待、供応等の行為のために支出するものをいうとされています。

本事例の場合、クルーザーの取得自体は接待、供応等という行為のために支出されたものではなく、その資産に係る減価償却費も取得した固定資産の費用化にすぎないため、接待、供応等のための費用には該当しません。

したがって、本事例における減価償却費は交際費等には該当しないことになります。

また、本事例の場合、クルーザーの通常の係留費用や維持管理費も減価償却費と同様、接待、供応等の行為のために支出したものではありませんので交際費等には該当しません。

　なお、接待専用のゲストハウスに係る減価償却費、固定資産税、常駐する管理人の固定給などについても同様の取扱いとなります。

【参考法令等】
措法61の4⑥（交際費等の損金不算入）

　クルーザーを接待のつど賃借したような場合には、その賃借料は交際費等に該当することになります。

株主優待券発行に係る費用

 当社は株主に対して年1回、自社製品5,000円相当額と引き換えることができる株主優待券を交付しています。

なお、当社はこの株主優待券を法人の利益にかかわらず、毎年1株主あたり2枚交付することとしています。

この株主優待券を交付することにより生じる費用は配当又は交際費等、いずれに該当するのでしょうか。

 会社が利益処分として経理しない限り、原則として交際費等に該当します。

解説

法人の利益の有無にかかわらず株主に供与される利益は、法人が剰余金又は利益の処分として取り扱わない限り、配当所得とはされません。また、法人にとって株主は法人の事業関係者に該当します。

したがって、株主に対する株主優待券発行に係る費用は、事業関連者に対して経済的な利益を供与するための費用であり、交際費等に該当することになります。

なお、このような取扱いが適用されるのは、本事例における株主優待券のほか、株主無料飲食券、株主施設無料利用券、創業記念・増資記念等に際して株主に交付する記念品などが該当します。

【参考法令等】
所通24－2（配当等に含まれないもの）

アドバイス 株主優待券等の交付による費用は、原則として交際費等に該当しますが、例えば鉄道の無料乗車券、映画館や美術館の無料鑑賞券など、その券を利用することにより生じる費用の増加がほとんど無く、かつその券の価額が少額なものについては、交際費等に該当しないとする考え方もありますので留意する必要があります。

談合金の支出

Q 当社は、ある公共工事を8,000万円で落札しましたが、当社と共にその工事の入札参加業者であったA社に対し、当社が工事の一部を外注したという名目で200万円を支払い、外注費として処理しています。

実際は、A社は外注工事を行っておらず、A社に対する支払は、この公共工事の入札において当社が落札できるように当社より高い札を入れてもらったことに対する謝礼金的な性格を有しています。

なお、A社は受けとった200万円を収益計上しています。

当社が計上したこの外注費は対価性があるものとして交際費等には該当しないと考えてよいでしょうか。

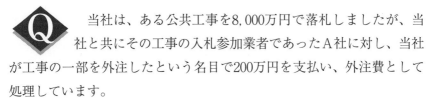

A 本事例における外注費200万円は、談合金の性格を有するものであり、交際費等に該当します。

談合金は、公共事業の入札に関連して、参加業者が談合の上、落札業者を決め、その見返りとして落札業者が他の業者に対して支払う金銭をいいます。

談合自体が違法であるので、談合金の支出もまたあってはならないものです。

法人税においても、いわゆる談合金の支出は交際費等に該当するとされています。

　これは、談合金は、自己に有利に入札を進めるための不正の請託に関連して支払われるもので、いわば一種のわいろのようなものであり、贈答その他これに類する行為のための支出とされているためです。

　なお、談合金の支出と同様の性質を有するものとして、株主総会対策のための、いわゆる総会屋などに対する支出があり、これも交際費等に該当するものとされています。

【参考法令等】
措通61の4(1)－15(6)、(10)（交際費等に含まれる費用の例示）

アドバイス　本来、談合金等の支出は、あってはならないものです。したがって、談合金等の支出があっても、それを外注費などの他の科目で処理し、申告書でも交際費等として申告加算しないケースがあるようです。

　本事例のように談合金を外注費などに仮装して損金処理している事実が税務調査により判明すると、仮装隠ぺい行為があるという理由で重加算税が賦課されますので注意する必要があります。

第3章 各勘定科目と交際費等【その他】

不正加担料の損金不算入

 当社は、架空の外注費を計上し簿外工作費を捻出するという不正行為を行っていましたが、その事実が税務調査により明らかにされました。

この不正行為に関しては外注先が絡んでおり、当社は、この外注先に対し、不正行為に加担した謝礼として手数料を支払っています。

架空計上した外注費につき否認を受けるのはもちろんですが、外注先に支払った手数料は交際費等に該当するのでしょうか。

 本事例のような法人の不正行為に協力することによる対価（不正加担料）を支払った場合、その費用は交際費等には該当しませんが、その全額が損金不算入となります。

解 説

本事例における支払手数料は、法人の不正行為に協力することによる対価（不正加担料）であり、得意先等に対し接待・贈答等を行うための費用ではありませんので交際費等には該当しません。

しかし、このような費用の損金算入を認めてしまうと、適正な納税をしている者との比較において著しく公平を欠くものになります。

そこで、法人が隠ぺい仮装行為によりその法人税の負担を減少させ、又は減少させようとした場合には、その隠ぺい仮装行為に要した費用の

145

額や隠ぺい仮装行為により生じた損失の額は、損金不算入とされています。

　したがって、本事例における支払手数料は、交際費等には該当しませんが損金不算入となります。

【参考法令等】
法法55①（不正行為等に係る費用等の損金不算入）
措通61の4(1)−15(6)、(10)（交際費等に含まれる費用の例示）

　不正加担料と類似の不正の請託に係る費用として、談合金の支出やいわゆる総会屋に対する支出がありますが、これらの費用はいずれも交際費等とされています。

第4章

交際費等における 10,000円基準

概要

4-1 5,000円基準の改正

Q 従来、交際費等から除かれるものとされていた飲食費の上限（1人当たり5,000円以下）が、令和6年度の税制改正により引き上げられましたが、その改正の概要について教えてください。

A 従来、1人当たり5,000円以下の飲食費がその対象であったものが10,000円以下に引き上げられました。

解説

　従来、飲食その他これに類する行為（以下「飲食等」といいます。）のために要する費用（専らその法人の役員もしくは従業員またはこれらの親族に対する接待等のために支出するものを除きます。）のうち、その支出する金額を飲食等に参加した者の数で割って計算した金額が5,000円以下の費用については、一定の書類の保存を要件として、交際費等から除かれていましたが、令和6年度の税制改正により、この「5,000円以下」の基準が「10,000円以下」に引き上げられました。

　この改正は、コロナ禍や人件費・材料費高騰により影響を受けている飲食業界の活性化や、最近の物価上昇等に伴う措置であり、令和6年4月1日以後に支出する飲食費について適用されます。

　なお、10,000円基準の概要については**4-2**をご参照ください。

【参考法令等】
措法61の4⑥⑧(交際費等の損金不算入)
令和6年改正措令附則16(交際費等の範囲に関する経過措置)

　　この改正は、法人の事業年度にかかわらず、令和6年4月1日以後に支出する飲食費について適用されます。
　したがって、例えば12月決算法人の場合、令和6年1月1日から3月31日までに支出された飲食費については5,000円基準が、令和6年4月1日から12月31日までに支出された飲食費については10,000円基準が適用されることになります。

4-2 10,000円基準の概要

 １人当たり10,000円以下の飲食費については交際費等の範囲から除かれるということですが（いわゆる10,000円基準）、この制度の概要について教えてください。

 制度の概要は、以下のとおりです。

解説

いわゆる10,000円基準とは、１人当たり10,000円以下の飲食費を一定の書類を保存することを要件として、交際費等の範囲から除くという制度です。

なお、この10,000円基準は令和６年度税制改正により従来5,000円であったものが10,000円に引き上げられたものであり、令和６年４月１日以後に支出する飲食費について適用されています。

1　10,000円基準の対象となる飲食費

10,000円基準の対象となる飲食費は、得意先等を接待する場合における飲食費に限られています。

したがって、物品等（飲食物を含む）の贈答費用、ゴルフや旅行、観劇などに招待するための費用、接待等に伴って発生する交通費などについては10,000円基準の適用はありません。

また、単なる飲食物の詰め合わせを贈答する行為は、いわゆる中元・歳暮と変わらないことから含まれず、その贈答のために要する費用は、原則として、交際費等に該当することになります。

　ただし、物品の贈答であっても、得意先等の業務の遂行や行事の開催に際して弁当の差入れを行うための弁当代については、差入れ後相応の時間内に飲食されることから、飲食費であるとして10,000円基準の適用が認められます。

　また、飲食店等での飲食後、その飲食店等で提供されている飲食物の持ち帰りに要する、お土産代についても飲食費として10,000円基準の適用を受けることができます。

　なお、この10,000円基準は、得意先や仕入先など外部の者を接待するための飲食費用について適用され、社内において特定の者を慰労する費用など、社内の者のみで飲食する費用、いわゆる社内飲食費については適用されませんので注意が必要です。

2　1人当たりの飲食費の算定

　次に、1人当たり10,000円以下の飲食費かどうかの判定は、各人が飲食店等において、それぞれどの程度の飲食等を実際に行ったかどうかにかかわらず、単純にその飲食費の総額を参加した人数で除して算定した金額により判定します。

(1人当たりの飲食費) = (飲食等のために要する費用として支出した金額) ÷ (飲食等に参加した者の数)

　なお、10,000円以下かどうかの判定において消費税等の額を含むかどうかですが、その飲食費を支出した法人の適用している経理方式（税抜経理方式又は税込経理方式）に応じ、その適用方式により算定した金額によることとされています。

　例えば、1人当たりの飲食費用が消費税等込み（消費税等の税率を10％

とする）で11,000円であった場合、税込経理方式を採用している法人では、1人当たり10,000円超（11,000円）となり交際費等に該当することとなりますが、税抜経理方式を採用している法人では10,000円以下（10,000円）となり交際費等には該当しないことになります。

3　帳簿書類等への記載要件

この10,000円基準の適用を受けるためには、帳簿や証ひょうなどの帳簿書類等に次の事項を記載する必要があります。

①	飲食等のあった年月日
②	飲食等に参加した得意先、仕入先その他事業に関係のある者等の氏名又は名称及びその関係
③	飲食等に参加した者の人数
④	飲食等に要する費用の金額並びに飲食店、料理店等の名称及び所在地（店舗がない等の理由で名称又は所在地が明らかでないときは、領収書等に記載された支払先の名称、住所等）
⑤	その他参考となるべき事項

【参考法令等】
措法61の4⑥二（交際費等の損金不算入）
措令37の5①（交際費等の範囲）
措規21の18の4（交際費等の損金不算入）

第4章 交際費等における10,000円基準【概要】

4-3
1人当たりの飲食費が10,000円を超える場合

 当社の営業部長が、レストランで得意先を接待しましたが、その費用は1人当たり12,000円でした。

この場合に交際費等の範囲に含めるべき金額ですが、10,000円基準を適用し、1人当たり10,000円を超える金額である2,000円を交際費等として処理することになるのでしょうか。

それとも1人当たり10,000円を超えた場合、12,000円全額を交際費等として処理すべきでしょうか。

 1人当たりの飲食費が10,000円を超えた場合、その全額が交際費等となります。したがって、12,000円全額を交際費等として処理すべきです。

解 説

10,000円基準は、1人当たり10,000円以下の少額な飲食費については交際費等の範囲から除くというものです。

1人当たりの飲食費の額が10,000円を超えるような場合に、その費用のうち10,000円までの部分は交際費等には該当せず、10,000円を超える部分だけが交際費等に該当するというような規定ではありません。

したがって、本事例のように1人当たりの飲食費の額が12,000円であった場合、飲食費12,000円全額が交際費等に該当することになります。

【参考法令等】
措法61の4⑥二（交際費等の損金不算入）
措令37の5（交際費等の範囲）

　10,000円基準は、1人当たりの飲食費のうち10,000円を控除して交際費等の額を求めるというような規定ではありません。

　接待等に係る1人当たりの飲食費の額が10,000円を1円でも超えると、その全額が交際費等に該当してしまうことに注意する必要があります。

4-4
帳簿書類への記載事項

 当社のA部長は、得意先のB課長と、取引の打合せ後に飲食店で会食を行いましたが、その飲食費は1人当たり10,000円以下でした。

そこで当社は、この飲食代を交際費等から除いて申告する予定ですが、そのためには参加者等を記載した帳簿書類を作成し保存する必要があると聞きました。

どのような事項を記載した帳簿書類を保存しておけばよいのでしょうか。

 10,000円基準の適用を受けるためには、以下の事項を記載した帳簿書類を作成保存しておく必要があります。

解説

10,000円基準の適用を受けるためには、次の事項を記載した帳簿書類を保存していることが必要となります。

①	飲食等のあった年月日
②	飲食等に参加した得意先、仕入先その他事業に関係のある者等の氏名又は名称及びその関係
③	飲食等に参加した者の人数
④	飲食等に要する費用の金額並びに飲食店、料理店等の名称及び所在地（店舗がない等の理由で名称又は所在地が明らかでないときは、領収書等に記載された支払先の名称、住所等）
⑤	その他参考となるべき事項

【参考法令等】
措法61の4⑥二（交際費等の損金不算入）
措規21の18の4（交際費等の損金不算入）

　　　　　保存書類の様式は特に法定されているものではありませんので、これらの記載すべき事項が記載されていれば、適宜の様式で作成しても差し支えありません。

4-5
保存書類の具体的な記載例

　当社のA専務は、得意先10名を居酒屋で接待しましたが、その飲食費は1人当たり10,000円以下でした。

そこで、当社は以下のような事項を記載した書類を保存したうえで、この飲食費につき10,000円基準を適用し交際費等から除いて処理しています。

・飲食年月日：令和○年○月○日

・参加した取引先：B社C部長ほか9名、得意先

・参加人数：11名

・飲食費の額：55,000円

・飲食店の名称等：居酒屋D（○○市○○町1-2）

記載内容のうち参加した取引先については、「B社C部長ほか9名」という記載になっていますが、これは、得意先全員の氏名が多人数のため把握できなかったことによるものです。また、当社の接待を行った人の氏名も記載していません。

このような記載でも、10,000円基準の適用が認められるのでしょうか。

　本事例における保存書類の記載事項は、10,000円基準の適用を受けるための要件を満たしています。

解説

　10,000円基準の適用を受けるためには、一定の事項を記載した書類を保存していることが必要とされていますが、これは、社内飲食費でないこと及び1人当たりの飲食費が10,000円以下であることを明らかにするためのものです。

　また、記載事項のうち、「その飲食等に参加した得意先、仕入先その他事業に関係のある者等の氏名、名称及びその関係」についての記載については、具体的に「○○会社○○部、○○（氏名）、得意先」というように記載する必要があり、原則として、相手方の名称や氏名のすべてが必要となります。

　ただし、相手方の氏名について、その一部が不明の場合や多人数が参加したような場合には、本事例のように「○○会社○○部○○（氏名）部長ほか○名、得意先」というような記載であっても差し支えありません。

【参考法令等】
措法61の4（交際費等の損金不算入）
措規21の18の4（交際費等の損金不算入）

アドバイス

　帳簿書類への人数等の記載は、社内飲食費でないこと及び1人当たりの飲食費が10,000円以下であること等を明らかにするためのものですので、記載すべき事項の中には、接待等を行った者の氏名は含まれていません。

飲食費の範囲

4-6 物品の贈答費用

Q 当社は、大手企業であるA社の専属下請会社です。当社はA社に対し、毎年3,000円程度の缶詰セットを中元歳暮として送付していますが、その単価が10,000円以下であるという理由で交際費等から除外することは可能でしょうか。

A A社に対する中元歳暮の缶詰セットの贈答費用については、物品の贈答に係る費用であるため10,000円基準の適用はなく、交際費等に該当します。

解説

交際費等に係る10,000円基準とは、
① 飲食その他これに類する行為のために要する費用として支出する金額のうち、
② 1人当たりの費用が10,000円以下のもの、
については、交際費等の範囲から除かれるというものです。

本事例における、中元歳暮に係る費用は、缶詰セットという物品の贈答にあたり、飲食のために要する費用には該当しません。

したがって、10,000円基準の適用がなく、たとえその単価が10,000円以下であったとしても交際費等に該当することになります。

【参考法令等】
措法61の4⑥二（交際費等の損金不算入）
措令37の5（交際費等の範囲）

アドバイス 10,000円基準は飲食等のために要する費用についてのみ適用され、物品を贈答する費用については適用されないことに注意する必要があります。

ただし、次問のような弁当の差入れ費用については、「飲食等のために要する費用」に該当し、10,000円基準の適用が認められています。

第4章 交際費等における10,000円基準【飲食費の範囲】

弁当の差入れ費用

当社は、大手企業であるA社の専属下請会社ですが、毎年、A社が秋に社員旅行を行う際に、弁当（単価3,000円程度）の差入れを行っています。

この弁当の差入れ費用は、1人当たり10,000円以下の飲食費に該当するものとして交際費等に含めずに処理することは可能でしょうか。

この弁当の差入れ費用については、10,000円基準の適用があります。

解 説

10,000円基準は、1人当たりの費用が10,000円以下の飲食費については交際費等の範囲から除くというものです。

一方、物品の贈答に係る費用は、10,000円基準が適用される費用から除かれています。

したがって、弁当も物品であるため、厳密な意味では弁当の差入れに係る費用については10,000円基準の適用がないことになります。

しかし、弁当の差入れは単なる飲食物の詰め合わせ等の贈答とは異なり、取引先等において差し入れた後相応の時間内に飲食されることが想定されるものです。

したがって、実質的に飲食等により接待を行ったのと変わらないとい

うことから、飲食等のために要する費用として取り扱われ、10,000円基準が適用される費用とされています。

【参考法令等】
措法61の4⑥二（交際費等の損金不算入）
措令37の5（交際費等の範囲）

弁当の差入れ費用については10,000円基準の適用がありますが、保存のきく食料品等を差し入れた場合には、その費用について10,000円基準は適用されないことに注意する必要があります。

第4章 交際費等における10,000円基準【飲食費の範囲】

手土産代の取扱い

当社は、取引先であるA社の資材部長と今後の取引の打合せを兼ねて寿司店で飲食を行いました。

この、寿司店での飲食代金はすべて当社が負担しましたが、その費用は1人当たり8,000円でした。また、手土産として、その店の寿司の折り詰め（2,000円）を、その資材部長に手渡しています。

当社はこの寿司店での飲食代及び手土産代の合計額10,000円につき10,000円基準を適用して交際費等から除くことを考えていますが可能でしょうか。

本事例の場合、飲食代及び手土産代の合計額につき10,000円基準を適用することができます。

解 説

10,000円基準とは、飲食その他これに類する行為のために支出する費用のうち、1人当たりの費用が10,000円以下のものについては、交際費等の範囲から除くというものです。

本来、手土産代は飲食代には該当せず、10,000円基準の適用はありません。

ただし、例外的に、飲食店での飲食後、その飲食店等で提供されている飲食物の持ち帰りに要する手土産代をその飲食店等に支払う場合には、

その手土産代を、飲食に類する行為に該当するものとして10,000円基準の対象となる飲食代に含めて判定することができます。

　例えば、本事例のような寿司店における寿司折りや中華料理店における月餅・大学いも、日本料理店における佃煮等の手土産がこれに該当するものと思われます。

　なお、この手土産については、その飲食店等で提供されている飲食物であればよく、相当の時間内に飲食されることが想定されるものでなくても差し支えありません。

　本事例の場合、1人当たりの飲食代8,000円と手土産代2,000円を合計しても10,000円となり、10,000円基準を満たすことになりますので、飲食代、手土産代両方を交際費等から除いて処理することができます。

【参考法令等】
措法61の4⑥二（交際費等の損金不算入）
措令37の5（交際費等の範囲）

　10,000円基準の適用がある手土産代はあくまでも、その飲食店等で提供されている飲食物に限られますので、他の店で購入した手土産や飲食物以外の手土産に係る費用は交際費等に該当することになりますので注意が必要です。

4-9 屋形船での飲食接待

 当社は、屋形船を貸し切り、その屋形船に得意先を招き、飲食等による接待を行っています。

その屋形船で1人当たりの接待費用は以下のとおりでした。

・飲食代：8,000円
・乗船料：3,000円

支払額のうち、飲食代8,000円は1人当たり10,000円未満であるので、交際費等に該当しない費用として処理、乗船料3,000円は旅費交通費として処理したいのですが可能でしょうか。

 乗船料3,000円も接待による飲食費に含まれます。したがって、支出額合計11,000円が飲食に係る交際費等に該当し、10,000円基準の適用は認められません。

解説

本事例における屋形船の乗船料は、人や物を運ぶ輸送手段利用のための料金ではなく、その船に乗って船外に見える景色や雰囲気を楽しみながら飲食をしてもらうという飲食場所提供のための料金であると考えられ、一般的な飲食店での飲食における部屋代に係る取扱いと同じく飲食費に含まれるものです。

したがって、この乗船料も飲食費に含めて10,000円基準適用の判断を

行う必要があり、本事例における屋形船での飲食接待費用は交際費等に該当することになります。

【参考法令等】
措法61の４⑥二（交際費等の損金不算入）
措令37の５①（交際費等の範囲）

本事例は、屋形船に乗って飲食をするという、飲食が主体の接待行為の事例ですが、例えば、クルーズ船に乗って各地を巡る旅行に得意先を招待したような場合、そのクルーズ旅行中に船内で飲食を行ったとしても、クルーズ旅行による接待という一連の行為の中での飲食であるため、その旅行費用のうち飲食費相当額のみを抽出して10,000円基準を適用するということは認められませんので注意する必要があります。

4-10 ゴルフ場での接待に際しての飲食費

Q 当社は、得意先の仕入担当者数名を接待するためゴルフコンペを実施しましたが、このコンペに要した費用のうち、プレー中の昼食代については1人当たりの飲食費が10,000円以下でした。

この昼食代につき10,000円基準を適用し交際費等から除いて処理することは可能でしょうか。

A ゴルフコンペの費用の中から昼食代だけを抜き出して10,000円基準を適用することはできず、プレー中の昼食代も交際費等に該当します。

解説

　得意先等と飲食等を行った場合でも、それが、ゴルフ、旅行、観劇などの催事に際しての飲食等である場合、その飲食等は、通常、それらの催事を実施することを主たる目的とする一連の行為の一つとして実施されるものです。

　したがって、その催事中の飲食等は主たる目的である催事と一体不可分なものとしてその一連の行為に吸収されるものであると考えられます。

　したがって、本事例のようなゴルフコンペを実施した場合、そのコンペに際しての飲食等を含んだ費用全額が、交際費等に該当することになります。

【参考法令等】
措法61の4⑥二(交際費等の損金不算入)

　　　　　　　　　　ゴルフ、旅行、観劇などによる接待を行った場合、その接待に要した費用のうち飲食費だけを抜き出して10,000円基準を適用することはできません。
　ただし、例えば、企画した接待旅行の工程のすべてが終了し解散した後に、一部の取引先を誘って飲食等を行った場合など、その飲食等が企画した旅行とは別に単独で行われていると認められるような場合、その解散後の飲食等の費用については10,000円基準の適用が可能であると思われます。

飲食費相当額の負担

大手ゼネコンA社の下請業者である当社は、注文獲得上、そのゼネコンの現場責任者を飲食店で接待することがよくあります。

最近、A社現場責任者を当社が飲食で接待するのではなく、A社の現場責任者が勝手に飲食した費用を肩代わりさせられるケースが増えてきました。

肩代わりした飲食費の内訳をみると、すべて1人当たりの飲食費が10,000円以下のものですが、この飲食費負担額につき10,000円基準を適用することは可能でしょうか。

本事例に係る肩代わり費用は、飲食費とは認められず、交際費等に該当すると思われます。

解説

10,000円基準は、自らが飲食等による接待を行った場合にその適用があります。

本事例のように、得意先の飲食費を肩代わりすることは単なる資金の贈答になりますので、その肩代わりするために支出した費用は、たとえその飲食費相当額が1人当たり10,000円以下であったとしても交際費等に該当することになります。

【参考法令等】
措法61の4⑥二（交際費等の損金不算入）
措令37の5（交際費等の範囲）

　得意先等の飲食費を肩代わりしたような場合には、10,000円基準の適用がありません。
　また、レストランなどのお食事券を贈答した場合も同様です。

社内飲食費の範囲

4-12 親会社の役員等を接待した場合

当社はA社の100％子会社であり、当社の売上の大半がA社に対するものです。また、当社の役員や従業員の中には、A社からの出向者も多数含まれています。

A社との会議が終わった後、当社は、年に何回かA社の役員や従業員を飲食店で接待しています。

この場合、1人当たりの飲食代が10,000円以下であったとしても、接待の相手方は100％親会社の役員等であり、事実上、内輪で飲み食いを行なっていることになります。

したがって、この飲食に係る費用は社内飲食費に該当し、10,000円基準の適用は認められないということになるのでしょうか。

接待の相手方が100％親会社の役員や従業員であっても社外の者に該当し、10,000円基準の適用は可能となります。

解 説

10,000円基準の対象となる飲食費は、接待に際しての飲食等の相手方が社外の者である場合の飲食費に限られ、社内の者に対する飲食費は対象とされていません。

しかし接待の相手方が、資本関係が100％である親会社の役員や従業

員であっても、その役員等はあくまでも、別の法人の役員や従業員です。
　したがって、接待の相手方は社外の者となることから、その者との飲食に係る費用については10,000円基準の対象となります。

【参考法令等】
措法61の４⑥二（交際費等の損金不算入）
措令37の５（交際費等の範囲）

アドバイス　本事例のように接待の相手方が、100％親会社の役員等である場合のほか、グループ通算制度の適用を受けているグループ内の法人の役員等であっても、社外の者に該当することになります。

4-13

得意先1人を多人数で接待した場合

 当社の得意先のA氏が今回、購買担当部長に昇格されましたので、その就任祝いを兼ねて飲食店でA氏を接待しました。

参加者は、得意先からはA氏のみでしたが、当社の営業社員の顔をA氏に覚えてもらうために、当社からは、営業部長ほか営業社員10名全員が参加しています。

この接待に係る飲食費は1人当たり10,000円以下ですが、参加者のほとんどが当社の従業員であり、社外の者はA氏1人のみです。

したがって、10,000円基準は適用されず、交際費等に該当することになるのでしょうか。

 本事例における飲食費は、社内飲食費には該当せず、交際費等から除くことができます。

解説

10,000円基準は、飲食その他これに類する行為のために支出する費用のうち、1人当たりの費用が10,000円以下のものについては、交際費等の範囲から除くというものですが、社内の者だけで飲食等を行うための費用である社内飲食費については、10,000円基準は適用されません。

一方、自己の従業員等が多人数参加して1人を接待したとしても、多人数参加することについて相当の理由があれば、その飲食費は社内飲食

費に該当することはありません。

　本事例の場合も、新任のA氏に自社の営業社員の顔を覚えてもらうために営業社員を多数参加させたものということですので、その飲食費は社内飲食費には該当しないものと思われます。

【参考法令等】
措法61の4⑥二（交際費等の損金不算入）

　社内飲食費に該当しないようにするために取引先の従業員等を形式的に参加させているような場合は、社内飲食費に該当すると認定される場合がありますので注意が必要です。

第4章 交際費等における10,000円基準【社内飲食費の範囲】

4-14

パーティーへの参加費用

 当社のA専務が、同業者団体が主催するパーティーに参加しました。

このパーティーは、立食形式で、同業者が集って参加者相互の親睦を深めたり、情報交換を行ったりするもので、年に1回ホテルの宴会場で開催されます。

パーティーの参加費はそのパーティーに係る1人当たりの実費相当額で、本年は1人当たり5,000円でした。

このパーティーの参加費用は1人当たり10,000円以下となりますが、A専務が1人でパーティーに参加し1人で飲食を行ったわけですから、社内飲食費に該当し、10,000円基準は適用できないということになるのでしょうか。

 A専務のパーティー参加費用は、社内飲食費に該当せず、10,000円基準の適用が認められます。

解 説

10,000円基準は、飲食その他これに類する行為のために支出する費用のうち、1人当たりの費用が10,000円以下のものについては、交際費等の範囲から除くというものです。

ただし、社内の者だけで飲食等を行うための費用であるいわゆる社内

飲食費については、10,000円基準は適用されません。

　しかし、本事例のように、同業者団体のパーティーに参加して意見交換や情報収集等を行い、その参加費を支出した場合は、そのパーティーの参加者それぞれが互いに飲食、接待等を行う費用を負担したものとして取り扱われ、いわゆる社内飲食費には該当しないものと考えられます。

　すなわち、取引先等と飲食を行った際、その飲食代を折半し、それぞれが負担した場合と同じようなものということになります。

　したがって、本事例の場合、A専務が支出したパーティー参加費用は、その支出額が1人当たり10,000円以下の飲食費となりますので、交際費等には該当しないことになります。

【参考法令等】
措法61の4⑥二（交際費等の損金不算入）
措令37の5（交際費等の範囲）

　同業者団体等のパーティーに1人で参加したとしても、その参加費用は社内飲食費には該当せず、10,000円基準の適用が認められるということに留意する必要があります。

第4章 交際費等における10,000円基準【1人当たり10,000円以下の判定】

1人当たり10,000円以下の判定

4-15

食事代と共に支払う
サービス料や部屋代

当社の営業社員が、得意先の担当者を飲食店で打合せを兼ねて接待し、その飲食費を全額負担しましたが、その飲食費の1人当たりの内訳は以下のとおりでした。
・料理代：　　8,000円
・個室料：　　2,000円
・サービス料：1,600円
　　　（合計：11,600円）
　この飲食代の総額は1人当たり11,600円ですが、そのうち食事代そのものは8,000円と10,000円以下ですので、10,000円基準を適用して交際費等から除いて処理したいのですが可能でしょうか。

1人当たりの飲食代が10,000円以下であるかどうかは、個室料やサービス料も含めたところで判定すべきであり、本事例の場合、1人当たりの飲食費が10,000円超となるので、交際費等から除いて処理することはできません。

解説

10,000円基準の対象となる飲食その他これに類する行為のために支出

177

する費用とは、通常、飲食等という行為をするために必要である費用がすべて含まれると考えられます。

したがって、飲食等のために、その飲食店に支払った、部屋代やテーブルチャージ、サービス料等についてもその対象となります。

本事例の場合、料理代そのものは10,000円以下ですが、個室料、サービス料を含めると10,000円を超えてしまいますので、交際費等として処理する必要があります。

【参考法令等】
措法61の4⑥二（交際費等の損金不算入）
措令37の5（交際費等の範囲）

アドバイス 10,000円基準の判定においては、料理代のみではなく、部屋代、テーブルチャージ、サービス料など、飲食に関連してその飲食店に対して直接支払うものも、その対象となるということに留意する必要があります。

第4章 交際費等における10,000円基準【1人当たり10,000円以下の判定】

4-16

1次会と2次会の費用

当社は、得意先を多数招き、旅館の大広間を借りて懇親会を開きました。

その懇親会において当社は、途中で中締めを行ってそれまでを1次会とし、残った人で引き続き同じ会場で2次会として懇親会を続けています。

この場合、1次会と2次会は別の会合であるため、当社は、その旅館に支払った飲食費を、1次会分、2次会分と分割して支払っています。

この場合、それぞれの飲食費が1人当たり10,000円以下かどうかを判定して10,000円基準を適用してもよろしいでしょうか。

1次会と2次会は同じ会場で行われており、両方の費用を合計して10,000円以下かどうかの判定を行うべきです。

解 説

1次会と2次会など、連続した飲食等の行為が行われた場合でも、例えば、全く別の飲食店等を利用しているときなど、それぞれの行為が単独に行われていると認められるときには、それぞれの飲食店に係る飲食費ごとに1人当たり10,000円以下であるかどうかの判定を行っても差し支えありません。

しかし、本事例のように、同一の会場で行われた飲食等であるにもかかわらず、その飲食費を分割していると認められる場合など、それら連続する飲食が一体のものであると認められる場合には、その全体に係る飲食費を基礎として1人当たり10,000円以下であるかどうかの判定を行うことになります。

【参考法令等】
措法61の4⑥二（交際費等の損金不算入）
措令37の5（交際費等の範囲）

アドバイス 例えば、1次会を居酒屋で行い、2次会をバーで行ったような場合には、それぞれの飲食に係る飲食費ごとに1人当たり10,000円以下であるかどうかの判定を行うことが可能です。

しかし、同じ会場や場所で1次会と2次会とを区切って行ったような場合には、1次会と2次会が連続した飲食であるとされ、その全体に係る飲食費により1人当たり10,000円以下であるかどうかの判定が行われることになります。

4-17

10,000円基準が適用される飲食接待に伴って支出されたタクシー代

当社は、得意先等を飲食店で接待し、その飲食費の額が1人当たり10,000円以下であった場合、その飲食費を交際費等ではなく会議費として処理しています。

この、1人当たり10,000円以下での飲食接待の際、お客様を送迎するタクシー代を別途支出する場合がありますが、接待に係る飲食費が交際費等に該当しないため、このタクシー代も同様に交際費等に含めなくてもよいでしょうか。

接待に係る飲食費が1人当たり10,000円以下であった場合でも、その飲食に関連して支出されたタクシー代は金額の多寡にかかわらず交際費等に該当します。

解説

飲食による接待の際に支出された送迎用のタクシー代は、飲食店に直接支払うものではなく接待等に係る飲食費に含まれないものの、接待等のために支出された費用であることには違いなく、このタクシー代も交際費等に該当することになります。

また本事例の場合、飲食費については10,000円基準が適用され交際費

等から除かれたとしても、タクシー代は飲食費ではないため10,000円基準の適用はありません。

　したがって、本事例においては、タクシー代のみを交際費等として処理する必要があるということになります。

【参考法令等】
措法61の4⑥二（交際費等の損金不算入）

　　接待に係るタクシー代の取扱いについては、**3 -40**、**3 -41**をご参照ください。

第4章 交際費等における10,000円基準【1人当たり10,000円以下の判定】

4−18

1人当たりの飲食費の算定

 当社の営業部長が、得意先の従業員を焼肉店で接待しましたが、その費用は以下のとおりでした。

［焼肉食べ放題・飲み放題コース］

・男性：12,000円

・女性：10,000円

参加人員は男性5人、女性2人で、総額80,000円（12,000円×5人＋10,000円×2人）を飲食店に支払っています。

この焼肉店に支払った飲食費のうち、女性2人分の20,000円について10,000円基準を適用し、交際費等から除いて処理をすることは可能でしょうか。

 女性分の飲食費のみ10,000円基準を適用して交際費等から除くという処理は認められず、本事例の場合、焼肉店に対して支払った飲食費全額が交際費等に該当します。

解説

1人当たり10,000円以下の飲食費は交際費等から除かれることとされていますが、その1人当たりの金額の算定は以下の算式によることとされています。

〔算式〕

$$\begin{pmatrix}1人当たりの\\金額\end{pmatrix} = \begin{pmatrix}飲食等のために要する費用\\として支出した金額\end{pmatrix} \div \begin{pmatrix}飲食等に参加\\した者の数\end{pmatrix}$$

　すなわち、1人当たり10,000円以下かどうかの判定は飲食店等において、各人がそれぞれ、どの程度の飲食等を行ったかどうかにかかわらず、単純に飲食費の総額をその飲食に参加した人数で除して計算した金額により行うことになります。

　本事例の場合、7人で総額80,000円の飲食費を支払っているのですから、1人当たりの飲食費は10,000円を超えることとなり、支払った飲食費全額が交際費等に該当することになります。

【参考法令等】
措法61の4⑥二（交際費等の損金不算入）
措令37の5（交際費等の範囲）

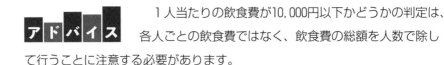

　1人当たりの飲食費が10,000円以下かどうかの判定は、各人ごとの飲食費ではなく、飲食費の総額を人数で除して行うことに注意する必要があります。

1人当たり10,000円超部分の個人負担

当社のA社長は、飲食店で得意先を接待しましたが、その費用は1人当たり12,000円でした。

これでは、1人当たりの飲食費が10,000円を超えてしまい、その全額が交際費等として取り扱われることになってしまいます。

そこで、飲食費のうち10,000円を超える部分の金額1人当たり2,000円については、A社長個人がポケットマネーから支払うことにし、当社の負担額が、1人当たり10,000円以下となるように調整しました。

この場合、会社負担とした1人当たり10,000円の飲食費を交際費等の範囲から除いて処理することができるでしょうか。

たとえ1人当たりの会社負担飲食費が10,000円以下であっても、1人当たり12,000円で飲食を行っており、この飲食費は交際費等に該当します。

解説

交際費等の範囲から除かれる飲食費は、次の算式で計算した1人当たりの金額が10,000円以下となるものです。

［算式］

$$\begin{pmatrix} 1人当たりの \\ 金額 \end{pmatrix} = \begin{pmatrix} 飲食のために要する費用 \\ として支出した金額 \end{pmatrix} \div \begin{pmatrix} 飲食等に参加 \\ した者の数 \end{pmatrix}$$

　この算式における、「飲食等のために要する費用として支出した金額」は、会社の負担額ではなく、飲食店等に支出した金額であると考えられます。

　したがって、たとえ飲食費の一部を個人で負担したとしても、飲食等のために飲食店に支払った金額は変わらないということになります。

　本事例の場合も、確かに、会社が負担した飲食費は１人当たり10,000円以下ですが、１人当たり10,000円を超える飲食を行っているということになり、交際費等に該当することになります。

【参考法令等】
措法61の４⑥二（交際費等の損金不算入）
措令37の５（交際費等の範囲）
措通61の４⑴−23（交際費等の支出の方法）

　　　　　　　　　　　１人当たり10,000円以下の飲食かどうかという基準は、飲食の程度を判定するための基準であり、その判定は、飲食店等に支払った費用を参加人数で除したもので行われるということに注意する必要があります。

第4章 交際費等における10,000円基準【1人当たり10,000円以下の判定】

4-20

1人当たり10,000円超の会議費

当社の社長は、今回、海外の取引先であるA社のB社長が来日したのを機会に、今後の販売戦略を検討するため、B社長とホテルの会議室で会議を行いました。

会議は昼食（酒類の提供なし）をとりながら行われましたが、その際の昼食代は1人当たり12,000円と1人当たり10,000円を超えています。

この会議の際の昼食代を交際費等とせず、会議費として処理することは可能でしょうか。

本事例における昼食代は、会議費に該当するものであり、たとえその費用が1人当たり10,000円超であったとしても交際費等として処理する必要はありません。

解説

交際費等における10,000円基準とは、本来、交際費等に該当する飲食費のうち1人当たり10,000円以下のものを、交際費等の範囲から除くというものです。

したがって、もともと交際費等に該当しない会議費、すなわち、会議に関連して、茶菓、弁当その他これらに類する飲食物を供与するために通常要する費用については、たとえその金額が1人当たり10,000円超であったとしても、その費用が会議に通常要する費用として認められるも

187

のである限りは、交際費等には該当しないことになります（**3-32**参照）。

【参考法令等】
措法61の4（交際費等の損金不算入）
措令37の5（交際費等の範囲）
措通61の4(1)-21（会議に関連して通常要する費用の例示）

アドバイス　本事例は会議中の飲食に係る事例ですが、これが会議終了後、打ち上げを兼ねて相手方と飲食を行うような場合には、その飲食代は会議費には該当せず10,000円基準の適用を受けることになります。

第4章 交際費等における10,000円基準【1人当たり10,000円以下の判定】

4−21

消費税等の額の取扱い

当社は、得意先を飲食店で接待しましたが、その飲食費は1人当たり消費税等抜きで10,000円（消費税等込みで11,000円）でした。

この飲食費につき、1人当たりの飲食費が10,000円以下であるという理由で、この飲食費を交際費等から除外して処理することは可能でしょうか。

なお当社は、税込経理方式を適用しています。

法人は消費税等の額につき税込経理方式を適用しており、税込みの金額では1人当たりの飲食費が10,000円超となりますので、この飲食費は交際費等に該当することになります。

解説

法人が、消費税等を支出した場合、その消費税等を経理処理する方法として、税抜経理方式又は税込経理方式が認められています。

飲食費が1人当たり10,000円以下であるかどうかの判定は、その飲食費を支出した法人が適用している経理方式により異なってきます。

すなわち、税抜経理方式を適用している法人においては、飲食費の額に消費税等の額を含めずに判定を行い、税込経理方式を適用している法

人においては、飲食費の額に消費税等の額を含めて10,000円基準の判定を行うこととされています。

　本事例において、法人は税込経理方式を適用しています。したがって、1人当たりの飲食費等の額は11,000円となり、支出した飲食費は交際費等に該当することになります。

【参考法令等】
措法61の4⑥二（交際費等の損金不算入）
措令37の5（交際費等の範囲）
消費税経理通達12（消費税法等の施行に伴う法人税の取扱いについて）

　10,000円基準や、中小法人の交際費等の年800万円定額控除の適用においては、税込経理方式を採用している法人のほうが、税抜経理方式を採用している法人より若干不利になります。

第4章 交際費等における10,000円基準【1人当たり10,000円以下の判定】

4-22
インボイス発行事業者でない飲食店に飲食代を支払った場合における10,000円基準の適用

当社は消費税等の経理処理につき税抜経理方式を採用しています。

令和6年4月1日以降にインボイス発行事業者でない飲食店に飲食代を支払った場合、10,000円基準が適用される金額の上限は総額1人当たり何円までになるのでしょうか。

10,000円基準の適用を受けるために飲食店に支払う1人当たりの金額の上限は、令和8年9月30日までに行ったものについては10,784円、令和8年10月1日から令和11年9月30日までに行ったものについては10,476円、令和11年10月1日以降に行った分については10,000円となります。

解説

経過措置により令和5年10月1日から3年間の取引については、インボイス制度導入前に仕入税額控除対象となった額の80％、令和8年10月1日から3年間の取引については50％を仕入税額控除の対象とすること

191

が認められており、飲食店への支払額からその仕入税額控除の対象となる部分（仮払消費税計上額）を差し引いた金額が交際費等の額となります。

したがって、10,000円基準の適用を受けるために飲食店に支払う1人当たりの飲食費の上限額は以下のとおりになります（消費税等の額の計算については、1円未満の端数切捨てを前提としています。）。

(1) 令和8年9月30日まで（経過措置適用）
　・仮払消費税の額：784円（10,784円×10/110×80％）
　・交際費等の額　：10,000円（10,784円－784円）
　・総額：10,784円

(2) 令和8年10月1日から令和11年9月30日（経過措置適用）
　・仮払消費税の額：476円（10,476円×10/110×50％）
　・交際費等の額　：10,000円（10,476円－476円）
　・総額：10,476円

(3) 令和11年10月1日以降（経過措置適用なし）
　・仮払消費税の額：0円
　・交際費等の額　：10,000円（10,000円－0円）
　・総額：10,000円

【参考法令等】
平成28年改正消法附則52①、53①（適格請求書発行事業者以外のものから行った課税仕入れに係る税額控除に関する経過措置）
消費税経理通達3の2（仮受消費税等又は仮払消費税等と異なる金額で経理をした場合の取扱い）
消費税経理通達 令和3年2月経過的取扱い(2)（経過措置の適用期間において課税仕入れを行った場合の経理処理）

令和3年2月(令和5年12月改訂)「消費税経理通達関係Q&A」問3、4

　　税込経理方式を採用している法人の場合、10,000円基準の適用を受けるために飲食店に支払う金額の上限は常に10,000円となります。

第5章

接待飲食費の50%損金算入

|総論|

接待飲食費の
50%損金算入制度の概要

　飲食接待費の50％につき損金算入が可能となる制度がありますが、この制度の概要について教えてください。

　制度の概要は以下のとおりです。

解説

　平成26年度の税制改正により、交際費等の額のうち、飲食のための支出（接待飲食費）の50％を損金算入することができるという制度が設けられています。

　なお、この制度は、資本金の額又は出資金の額が100億円超の法人については適用されません（令和2年度改正）。

　また、この制度の対象となる接待飲食費の範囲はいわゆる10,000円基準における接待飲食費の範囲と同じで、いわゆる社内接待費（社内の役員、従業員等に対する接待等のための飲食費）は含まれないこととされています。物品の贈答費用やゴルフや旅行による接待など飲食費以外の接待、贈答等に係る交際費についても対象となりません。

　さらに、この制度の適用を受けるには、10,000円基準と同様、帳簿書類等に飲食の年月日、場所、参加者の氏名など所定の事項を記載する必

第5章 接待飲食費の50%損金算入【総論】

要があります（**5-10**参照）。

なお、社外の人との飲食費のうち1人当たり10,000円（改正前は5,000円）以下の飲食費については、従来どおり交際費等の範囲から除かれており、この規定とは別枠で損金算入が認められます。

【参考法令等】
措法61の4（交際費等の損金不算入）
措令37の5（交際費等の範囲）
措規21の18の4（交際費等の損金不算入）

いわゆる10,000円基準に該当する飲食費は、交際費等の範囲から除かれるのに対し、接待飲食費の50%損金算入制度における飲食費は、交際費等には該当するが、その50%につき損金算入を認めるというものです。

5 − 2

事業年度ごとの選択

 中小法人は、接待飲食費の50％損金算入と交際費等の額のうち年800万円（定額控除限度額）までの損金算入のいずれかを、一度選択すると翌期以降は選択を変更できないのでしょうか。

 事業年度ごとに、接待飲食費の50％損金算入と年800万円までの定額控除とを選択することができます。

解説

中小法人については、接待飲食費の50％相当額の損金算入と、年800万円（定額控除限度額）までの損金算入のいずれかを、事業年度ごとに選択できることとされています。

具体的には、申告書等に添付する別表十五（交際費等の損金算入に関する明細書）において、いずれかの方法により損金算入額を計算し、申告等の手続きを行うことになります。

【参考法令等】
措法61の4⑦（交際費等の損金不算入）

第5章 接待飲食費の50%損金算入【総論】

交際費等の損金算入に関する明細書

事業年度	: :	法人名	

別表十五　令六・四・一以後終了事業年度分

支出交際費等の額 (8の計)	1	円
支出接待飲食費損金算入基準額 (9の計)×$\frac{50}{100}$	2	
中小法人等の定額控除限度額 ((1)と((800万円×$\frac{}{12}$)又は(別表十五付表「5」))のうち少ない金額)	3	

損金算入限度額 (2)又は(3)	4	円
損金不算入額 (1)−(4)	5	

支出交際費等の額の明細

科　目	支出額 6	交際費等の額から控除される費用の額 7	差引交際費等の額 8	(8)のうち接待飲食費の額 9
	円	円	円	円
交　際　費				
計				

5-3

年800万円の定額控除との選択

 当社は、支出した交際費等のうち年800万円までの定額控除が認められている資本金1億円以下の中小法人です。

交際費等の損金不算入額の計算においては、年800万円までの定額控除、接待飲食費の50％損金算入、という2つの計算方法が認められていますが、事業年度ごとにどちらか有利な方を選択することは可能でしょうか。

また、選択適用できるとすれば、どちらの制度を選択した方が有利でしょうか。

 中小法人の場合、事業年度ごとに年800万円までの定額控除、接待飲食費の50％損金算入、どちらか有利な方を選択することができます。

具体的には、接待飲食費の額が年1,600万円を超える場合には、接待飲食費の50％損金算入を選択した方が有利となります。

解説

中小法人については、接待飲食費の50％相当額の損金算入と、年800万円までの定額控除のいずれかを、事業年度ごとに選択できることとされています（措法61の4①②）。

具体的には、申告書等に添付する別表十五（交際費等の損金算入に関

第5章 接待飲食費の50%損金算入【総論】

する明細書）において、いずれかの方法により損金算入額を計算し、申告等の手続きを行うことになります。

　また、中小法人の場合、下の[設例]のように、接待飲食費の額が年1,600万円を超える場合には、接待飲食費の50%損金算入を選択した方が有利となります。

[設例] 接待交際費の額の50%相当額の損金算入と定額控除限度額までの損金算入との比較

①接待飲食費の額が年1,600万円を超える場合（損金算入額…Ⓐ＞Ⓑ）

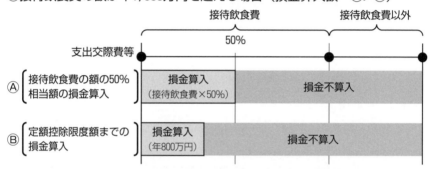

②接待飲食費の額が年1,600万円以下の場合（損金算入額…Ⓐ≦Ⓑ）

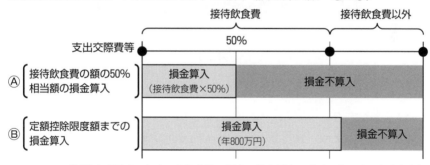

（国税庁「平成26年度　交際費等の損金不算入制度の改正のあらまし」を参考）

【参考法令等】
措法61の4（交際費等の損金不算入）
措令37の5（交際費等の範囲）
国税庁：接待飲食費に関するFAQ[Q8]

5-4

10,000円基準との関係

 当社は資本金1億円超の法人ですが、当事業年度において、接待等に係る飲食費を1,000万円（いわゆる社内飲食費はありません。）、その他交際費等に該当する費用を500万円計上しています。

なお、接待等に係る飲食費のうち100万円は1人当たり10,000円以下の飲食費です。

この場合、当社の交際費等の損金不算入額はいくらになるのでしょうか。

 本事例の場合、交際費等の損金不算入額は、950万円になります。

解説

1人当たり10,000円以下の飲食費は交際費等に該当しないこととされています。一方、平成26年度の税制改正により、交際費等の額のうち、飲食のための支出（接待飲食費）の50％を損金算入することができるという規定が設けられています。

両制度の関係ですが、1人当たり10,000円以下の飲食費は交際費等の範囲から除かれ、それ以外の接待飲食費の50％が損金算入されます。

したがって、本事例の場合、次のようになり、950万円が損金不算入額となります。

第5章 接待飲食費の50%損金算入【総論】

$$\left\{ \begin{pmatrix} [接待等に係る飲食費] \\ 1{,}000万円 \end{pmatrix} - \begin{matrix} [1人当たり10{,}000円以下の飲食費] \\ 100万円 \end{matrix} \right\} + \begin{matrix} [その他の交際費等] \\ 500万円 \end{matrix} \right\}$$

$$- \left\{ \begin{pmatrix} [接待等に係る飲食費] \\ 1{,}000万円 \end{pmatrix} - \begin{matrix} [1人当たり10{,}000円以下の飲食費] \\ 100万円 \end{matrix} \right\} \times \begin{matrix} [接待飲食費の50\%損金算入] \\ 50\% \end{matrix} \right\}$$

$$= \begin{matrix} [交際費等の額] \\ 1{,}400万円 \end{matrix} - \begin{matrix} [損金算入額] \\ 450万円 \end{matrix} = \begin{matrix} [損金不算入額] \\ 950万円 \end{matrix}$$

【参考法令等】
措法61の4(交際費等の損金不算入)

アドバイス 接待等に係る飲食費のうち、まず10,000円基準の適用のある飲食費が交際費等の額から除かれ、残りの飲食費の50%について損金算入が認められることになります。

接待飲食費の範囲

接待飲食費の範囲

接待飲食費の50％損金算入制度における「接待飲食費」にはどのような飲食費が含まれるのでしょうか。

次のような飲食費が、接待飲食費に該当します。

解 説

　接待飲食費とは、交際費等のうち飲食その他これに類する行為のために要する費用であって、帳簿書類により飲食費であることが明らかにされているもの（社内飲食費を除きます。）をいいます。

　また、社内飲食費とは、法人の役員や従業員又はこれらの者の親族に対して接待等のために支出する飲食費をいいます。

　したがって、以下のような費用のうち、交際費等に該当するものが接待飲食費となります（社内飲食費に該当するものを除きます。）。

①	自己の役員や従業員等が得意先等を接待して飲食するための飲食代
②	飲食等のために支払うテーブルチャージ料やサービス料等
③	飲食等のために支払う会場費
④	得意先等の業務の遂行や行事の開催に際して、弁当の差入れを行うための弁当代（得意先等において差入れ後相応の時間内に飲食されるようなもの）

| ⑤ | 飲食店等での飲食後、その飲食店等で提供されている飲食物の持ち帰りに要するお土産代 |

　なお、いわゆる10,000円基準を満たす飲食費については、交際費等に該当しないこととされており、50％損金算入が認められる接待飲食費には含まれません。

【参考法令等】
措法61の4①⑥（交際費等の損金不算入）
措令37の5①（交際費等の範囲）
国税庁：接待飲食費に関するFAQ［Q2］

　接待飲食費における飲食費の範囲は、10,000円基準における飲食費の範囲と同じですので、10,000円基準における具体例についても確認しておく必要があります。

5-6
接待飲食費に該当しない費用

　接待飲食費の50％損金算入制度において、接待飲食費に該当しない費用にはどのようなものがあるのでしょうか。

　次のような費用は、接待飲食費に該当しません。

解説

　接待飲食費とは、交際費等のうち飲食その他これに類する行為のために要する費用であって、帳簿書類により飲食費であることが明らかにされているもの（社内飲食費を除きます。）をいいます。
　したがって、社内飲食費が接待飲食費から除かれるのはもちろんですが、以下のような飲食に関連する費用についても接待飲食費には該当しないこととされています。

(1) ゴルフや観劇、旅行等の催事に際しての飲食等に要する費用
　通常、ゴルフや観劇、旅行等の催事を実施することを主たる目的とした行為の一環として飲食等が実施されるものであり、その飲食等は主たる目的である催事と一体不可分なものとしてそれらの催事に吸収される行為と考えられますので、飲食等が催事とは別に単独で行われていると認められる場合（例えば、企画した旅行の行程の全てが終了して解散した後に、一部の取引先の者を誘って飲食等を行った場合など）を除き、ゴルフや観劇、旅行等の催事に際しての飲食等に要する費用は接待飲食

費に該当しないこととなります。

(2) **接待等を行う飲食店等へ得意先等を送迎するために支出する送迎費**

本来、接待・供応に当たる飲食等を目的とした送迎という行為のために要する費用として支出したものであり、その送迎費は接待飲食費に該当しないこととなります。

(3) **飲食物の詰め合わせを贈答するために要する費用**

単なる飲食物の詰め合わせを贈答する行為は、いわゆる中元・歳暮と変わらないことから、その贈答のために要する費用は接待飲食費に該当しないこととなります。

【参考法令等】
措法61の4①⑥（交際費等の損金不算入）
措令37の5①（交際費等の範囲）
国税庁：接待飲食費に関するＦＡＱ［Ｑ３］

アドバイス 　接待飲食費に該当しない費用の範囲も、10,000円基準における費用の範囲と同じですので、10,000円基準における具体例についても確認する必要があります。

5 - 7 接待飲食費に係る控除対象外消費税額等

 当社は、消費税等の経理処理に税抜経理方式を採用しており、毎期、控除対象外消費税額等が発生し損金処理しています。

この損金処理した控除対象外消費税額等のうち交際費等に係る取引から生じたものについては、交際費等として処理していますが、そのうち、接待飲食費から生じた部分については50％の損金算入が認められるのでしょうか。

 損金処理された、接待飲食費に係る控除対象外消費税額等についても50％損金算入が認められます。

解説

50％損金算入が認められる接待飲食費とは、交際費等のうち飲食その他これに類する行為のために要する費用であって、帳簿書類により飲食費であることが明らかにされているもの（社内飲食費を除きます。）をいいます。

したがって、損金処理された接待飲食費に係る控除対象外消費税額等についても、接待飲食費に該当し、50％の損金算入が認められます。

なお、接待飲食費として取り扱われるためには、帳簿書類に一定事項を記載する必要がありますので、損金処理された接待飲食費に係る控除対象外消費税額等についても、接待飲食費から生じた控除対象外消費税額等である旨を記載する必要があります。

この場合、例えば、法人が合理的な方法により飲食費に係る控除対象外消費税を算出した場合のその計算書類は、帳簿書類への記載事項の一つである、「その他飲食費であることを明らかにするために必要な事項」を記載した書類に該当するものとされています。

【参考法令等】
措法61の4⑥（交際費等の損金不算入）
措規21の18の4（交際費等の損金不算入）
法令139の4（資産に係る控除対象外消費税額等の損金算入）
国税庁：接待飲食費に関するＦＡＱ［Q10］
消費税経理通達12（消費税法等の施行に伴う法人税の取扱いについて）

控除対象外消費税額等の処理については **3-43** を、接待飲食費に係る帳簿記載事項については **5-10** をそれぞれご参照ください。

5-8 社内飲食費の範囲

Q 接待に係る飲食費でも、社内飲食費については、飲食費の50％損金算入が認められないということですが、社内飲食費の範囲について教えてください。

A 社内飲食費かどうかの判断基準は、以下のとおりとされています。

解説

社内飲食費の支出の対象者は、その法人の役員、従業員又はこれらの親族とされています。

したがって、自社（当該法人）の役員、従業員（これらの者の親族を含みます。）に該当しない者に対する接待等のために支出する飲食費等であれば、社内飲食費には該当しないことになります。

なお、次のような飲食費は社内飲食費に該当しません。

①	親会社の役員等やグループ内の他社の役員等に対する接待等のために支出する飲食費
②	同業者同士の懇親会に出席した場合や得意先等と共同で開催する懇親会に出席した場合に支出する自己負担分の飲食費相当額

【参考法令等】
措法61の4⑥(交際費等の損金不算入)
国税庁:接待飲食費に関するFAQ[Q4]

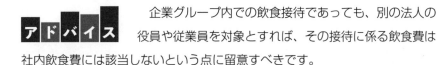
　　　　　企業グループ内での飲食接待であっても、別の法人の役員や従業員を対象とすれば、その接待に係る飲食費は社内飲食費には該当しないという点に留意すべきです。

5-9 出向者に対する飲食費

Q 当社から子会社へ出向している従業員を、当社が飲食等により接待しました。この出向している従業員の接待に係る飲食費は、社内飲食費に該当するのでしょうか。

A その出向者が出向先法人、出向元法人、どちらの立場により参加しているのかにより判断します。

解説

　出向者については、一般に、出向先法人及び出向元法人の双方において雇用関係が存在しますので、その者が出向先法人の従業員等の立場で飲食等の場に出席したか、出向元法人の従業員等の立場で飲食等の場に出席したかにより判断することになります。

　本事例においては、例えば貴社が子会社の従業員を接待する会合に出向者が子会社の従業員の立場で出席しているような場合に貴社が支払う飲食代は、社内飲食費には該当しないこととなります。

　一方、出向者が貴社の懇親会の席に、あくまで出向元である貴社の従業員の立場で出席しているような場合（例えば貴社が、貴社から子会社等に出向している従業員を集めて、慰労会を行うような場合）に貴社が支払う飲食代は、社内飲食費に該当することとなります。

　なお、この判断基準は10,000円基準における社内飲食費に該当するか

否かの判定においても同様となります。

【参考法令等】
措法61の4⑥（交際費等の損金不算入）
国税庁：接待飲食費に関するＦＡＱ［Ｑ５］

　　出向者に係る飲食費については、その出向者が、出向先法人、出向元法人、どちらの立場で参加したのかを、帳簿書類に明確に記載しておく必要があります。

5-10 帳簿書類の記載事項

Q 接待飲食費の50％損金算入制度の適用を受けるためには、接待飲食費に係る所定の事項を帳簿書類に記載することがその要件となっていますが、具体的にはどのような事項を記載すればよいのでしょうか。

A 以下のような事項を帳簿書類等に記載する必要があります。

解説

接待飲食費の50％損金算入制度の適用を受けるためには、適用の対象となる接待飲食費であること、すなわち交際費等のうち飲食その他これに類する行為のために要する費用（社内飲食費を除きます。）であることを明らかにするため、帳簿書類に次の事項を記載する必要があります。

なお、帳簿書類とは、法人税法上で整理・保存が義務付けられている帳簿書類をいい、総勘定元帳や飲食店等から受け取った領収書、請求書等がこれに該当しますが、その様式が特に法定されているものではありませんので、記載すべき事項が記載されていれば、適宜の様式でも差し支えありません。

①	飲食費に係る飲食等（飲食その他これに類する行為をいいます。以下同じです。）のあった年月日
②	飲食費に係る飲食等に参加した得意先、仕入先その他事業に関係のある者等の氏名又は名称及びその関係
③	飲食費の額並びにその飲食店、料理店等の名称及びその所在地
④	その他飲食費であることを明らかにするために必要な事項

　なお、②の記載が必要とされているのは、社内飲食費でないことを明らかにするためのものであり、原則として、飲食等を行った相手方である社外の得意先等に関する事項を「○○会社・□□部、△△◇◇（氏名）、卸売先」というようにして相手方の氏名や名称の全てを記載する必要があります。

　ただし、相手方の氏名について、その一部が不明の場合や多数参加したような場合には、「○○会社・□□部、△△◇◇（氏名）部長他10名、卸売先」という記載であっても差し支えありません（氏名の一部又は全部が相当の理由があることにより明らかでないときには、記載を省略して差し支えありません。）。

【参考法令等】
措法61の4⑧（交際費等の損金不算入）
措規21の18の4（交際費等の損金不算入）
法規59（帳簿書類の整理保存）
国税庁：接待飲食費に関するＦＡＱ［Ｑ６、７］

アドバイス　接待飲食費50％損金算入制度における帳簿書類への記載要件は、10,000円基準における記載要件とほぼ同じですが、10,000円基準における記載要件（4−4参照）では、さらに参加した者の人数が必要とされます。

修正申告、更正の請求

5-11 税務調査により接待飲食費の額が増加した場合の修正申告額

 当社は資本金1億円以下の中小法人ですが、当事業年度の交際費等の額は2,000万円で、うち1,400万円が50％損金算入制度の対象となる接待飲食費でした。

　申告の際、定額控除額である年800万円と接待飲食費の額の50％損金算入とを比較し、損金不算入額が少ない定額控除額800万円の方を用いて申告を行いました。

[計算例]

・定額控除を用いた場合の損金不算入額

　　2,000万円 [交際費等の額] －800万円 [定額控除額] ＝1,200万円

・接待飲食費の額の50％損金算入を用いた場合の損金不算入額

　　2,000万円 [交際費等の額] －1,400万円 [接待飲食費の額] ×50％＝1,300万円

　ところが、後日、この事業年度に対する税務調査が行われ、損金処理した会議費のなかに接待飲食費に該当する費用400万円が別に含まれていることが明らかになりました。

　この交際費等の申告加算漏れにつき修正申告書を提出することになりますが、修正額の計算は、当初申告で用いたのと同じ定額控除額800万円を用いて計算することになるのでしょうか、それとも、当初申告の際に用いたのとは違う方法である接待飲食費の額の50％損金算入による方法を新たに選択することができるのでしょうか。

第5章 接待飲食費の50%損金算入【修正申告、更正の請求】

[修正申告における計算例]

・定額控除を用いた場合の損金不算入額

（2,000万円＋400万円［修正額］）［交際費等の額］
－800万円［定額控除額］＝1,600万円

・接待飲食費の額の50%損金算入を用いた場合の損金不算入額

（2,000万円＋400万円［修正額］）［交際費等の額］
－（1,400万円＋400万円［修正額］）［接待飲食費の額］×50%＝1,500万円

交際費等の損金不算入額の計算において、修正申告では当初申告の際に用いたのとは違う方法を選択することができます。

解説

　中小法人については、接待飲食費の額の50%相当額の損金算入と、定額控除限度額までの損金算入のいずれかを、事業年度ごとに選択できることとされています。

　これは、修正申告においても同様であり、修正申告の際には確定申告書（当初申告）と同じ計算方法を用いる必要はありません。

　したがって、当初申告においては年800万円の定額控除を用いて交際費等の損金不算入額を計算していたとしても、修正申告においては接待飲食費の額の50%損金算入の方を用いて計算することは可能となります。

【参考法令等】
措法61の4（交際費等の損金不算入）

接待飲食費の額が年1,600万円前後である場合に本事例のようなケースを想定する必要があります。

5-12

更正の請求

 当社は、接待飲食費のうち50％相当額を損金算入して申告を行いましたが、接待飲食費に該当する費用の一部について、確定申告書別表十五記入の際に接待飲食費に含めず、接待飲食費以外の交際費等として申告してしまいました。

この申告につき更正の請求をすることは可能でしょうか。

 更正の請求をすることが可能です。

解 説

更正の請求は、「課税標準等若しくは税額等の計算が国税に関する法律の規定に従っていなかったこと又は当該計算に誤りがあった」場合に可能となります。

本事例のような接待飲食費とすべき金額の一部あるいは全部につき50％相当額の損金算入をしていなかった場合もこれに該当しますので、これを損金算入することを内容とする更正の請求をすることができます。

【参考法令等】
措法61の4①（交際費等の損金不算入）
通法23①一（更正の請求）
国税庁：接待飲食費に関するＦＡＱ［Ｑ９］

交際費に関する取引が多数ある場合、例えば、「交際費」勘定の補助科目として「接待飲食費」などの科目を設けるなど、経理処理を行う際に区分しておくことが必要となります。

第6章

使途秘匿金

6-1

使途秘匿金課税制度の概要

　　当社は不動産賃貸業を営んでおり、現在、A市に賃貸用マンションを建設中です。

ところが、地域住民から激しい反対運動にあい工事が中断してしまいました。

そこで、地域住民の反対を押さえるため地元の某有力者に仲介を依頼し、その謝礼として金銭を支出しています。

当社は、この謝礼金を支払手数料として処理していますが、相手方に迷惑がかかるのを避けるため、誰に支払ったかは帳簿上明らかにしておらず、請求書、領収証も入手していません。

当社は、この支払手数料を申告書において自己否認していますが、大幅な赤字申告であるため、使途秘匿金課税すなわち支出額に対する40％の追加課税は行う必要がないということになるのでしょうか。

　　赤字申告であっても使途秘匿金支出額の40％相当額の法人税を納付する必要があります。

解説

使途秘匿金の支出とは、法人が行った金銭の支出（贈与や供与などの目的のため行われる金銭以外の資産の引渡しを含みます。）のうち、相当の理由がなく、その相手方の氏名や名称、住所や所在地、支出した事

由を、支出した法人の帳簿書類に記載していないものをいいます。

使途秘匿金課税制度は、支出した相手方を明らかにできないような支出は違法・不当な支出に繋がりやすく、それが公正な取引を阻害することにもなるため、そのような支出を極力抑えるために政策的に設けられたものです。

法人に使途秘匿金の支出がある場合、その支出額の40％相当額が、通常の法人税の額に加算して課税されます。

したがって、申告所得が赤字で、通常は法人税が課されないような法人であっても、使途秘匿金の支出があれば、その支出額の40％相当額については法人税の課税が生じることになります。

また、使途秘匿金の支出は、損金不算入であり、かつ、その支出額の40％相当額が追加課税され、さらに、地方税の額もその分増加し、消費税における仕入税額控除も認められません。

使途秘匿金支出の影響は大きく、多額の税負担が生じてしまいます。

【参考法令等】
措法62①（使途秘匿金の支出がある場合の課税の特例）

アドバイス　本来、税金を納める必要のない赤字申告法人についても、使途秘匿金の支出があれば、納付すべき税額が生じるということにご注意ください。

使途秘匿金の支出は本来望ましいものではありませんが、やむを得ず支出する必要が生じた場合には、確定申告書において的確に申告加算及び40％の税額加算を行う必要があります。

税務調査の際に、ある支出が使途秘匿金であると判明すると、支出額の8割程度の追加納付額に加えて、仮装・隠ぺい行為による重加算税や延滞税が課される場合がほとんどであり、結果的に使途秘匿金支出額以上の追徴税額が発生する可能性もあるからです。

6−2 使途秘匿金課税が行われない場合

当社は大手建設業Ａ社の専属下請業者ですが、当社に優先的に仕事を回してもらうために年に数回、Ａ社の某現場担当者個人に現金でリベートを渡しています。

当社は、このリベートを支払手数料として処理していますが、相手方に迷惑がかかるのを避けるため、誰に支払ったかは帳簿上明らかにしておらず、請求書、領収証も入手していません。

使途秘匿金課税は相当の理由があれば、相手方の住所、氏名等を帳簿に記載していない場合でも課税されないと聞いています。

このリベート支出の相手方を明らかにしてしまうと、相手方に迷惑がかかり、当社に仕事が回ってこなくなるため死活問題となります。

当社のこのような事情は、相当の理由に該当するのではないでしょうか。

相手方に迷惑がかかるというような理由は、相当の理由には該当せず、使途秘匿金課税の適用があります。

解説

帳簿書類に相手方の住所、氏名等が記載されていない場合でも、次のようなものは使途秘匿金に含めないこととされています。
(1) 相手方の氏名等を記載していないことに相当の理由があるもの

(2) 資産の譲受けその他の取引の対価として支出されたもの（その取引の対価として相当であると認められるものに限ります。）

(1)における相当の理由があるかどうかは、この制度の趣旨と社会通念により判断されますが、例えば次のような支出は、相手方の氏名等を帳簿書類に記載しないことが通常であり使途秘匿金からは除かれています。

| ① | カレンダー・手帳などの広告宣伝用物品の贈与などのように不特定多数の者に対して行われるもの |
| ② | チップなどの小口の謝金で相手方の氏名等まで帳簿書類に記載しないことが通例となっているもの |

しかし、氏名を明かすと相手方に迷惑がかかる、今後の取引が停止になる、犯罪に問われるといったような理由は相当の理由には該当しないものと思われます。

したがって、本事例のような理由で相手方の氏名等を帳簿書類に記載しなかった場合には使途秘匿金課税の対象となります。

【参考法令等】
措法62②③（使途秘匿金の支出がある場合の課税の特例）

アドバイス　使途秘匿金課税が適用されない相当の理由の範囲は限られていることにご注意ください。

なお、相手方の氏名等を帳簿書類に記載していない支出であっても、その記載していないことが相手方の氏名などを秘匿するためでないと税務署長が認めるときには、使途秘匿金課税が行われない場合もありますのでこの点もご留意ください。

ただし、仮に税務署長の認定があった場合でも、使途秘匿金としての支出額の40％追加課税が行われないだけであり、その支出額の損金算入は認められない場合がありますのでご注意ください。

6-3
相手先を明らかにしない取引先接待

当社は、売上高確保のため、年に数回、大口取引先の仕入担当者をゴルフや旅行に招き、接待を行っています。

ただ、取引先の担当者は、その取引先の社内規則により、取引業者から接待を受けることを一切禁止されています。

そこで、当社は、相手方に迷惑がかかるのを避けるため、誰を接待したかを帳簿書類上明らかにしていません。

当社は、このゴルフや旅行に係る費用を交際費等として処理していますが、使途秘匿金課税（支出額の40％相当額の税額加算）としての処理が必要でしょうか。

相手先を明らかにできないゴルフや旅行での接待費用については、使途秘匿金として取り扱う必要はありません。

解説

使途秘匿金課税は、金銭の支出（贈与や供与等の目的のためにする資産の引渡しを含みます。）のうち、相当の理由がなく、その相手方の氏名や名称等を法人の帳簿書類に記載していない場合に適用され、役務やサービスの提供は含まれていません。

これは、役務やサービスの提供は、消費的な接待であり、相手方で蓄

財されるようなものではないという理由によるものであると思われます。

したがって、本事例のゴルフや旅行のような役務提供による接待の場合は、たとえ接待の相手先を明らかにしない場合でも、使途秘匿金課税は行われません。

【参考法令等】
措法62②（使途秘匿金の支出がある場合の課税の特例）

アドバイス　使途秘匿金課税は、金銭や物品を交付した場合に行われ、ゴルフや旅行、飲食など役務提供等の場合には適用されないということに留意する必要があります。

6-4 帳簿書類への記載時期

 当社は、代表者の不祥事に関する記事がマスコミで公表されるのを避けるため、マスコミ業界に影響力のある某氏に工作を依頼し、その公表を抑えてもらいました。

当社はこの某氏に対し謝礼金として現金300万円を支払い、支払手数料として単純損金処理していますが、某氏に迷惑がかかるのを避けるため、帳簿書類上その支出先を明らかにせず、領収書等も受領していません。

将来、税務調査において、もし調査官からその支出先について質問を受けた場合に、その氏名等を明らかにして、使途秘匿金課税（支出額の40％相当額の税額加算）を免れようと考えていますが、このような対応は可能でしょうか。

 遅くとも、支出した事業年度の確定申告書の提出期限までには、相手方の氏名等を帳簿書類に記載しておく必要があります。

解説

使途秘匿金課税制度において支出先の氏名等が、その帳簿書類に記載しているかどうかの判定は、その金銭が支出された事業年度終了の日の現況によるものとするとされています。

また、その事業年度の申告書の提出期限において、その帳簿書類に記載されている場合には、その事業年度終了の日においてその記載があったものとみなすとされています。

　本事例においては、その謝礼金を支出した事業年度における確定申告書提出期限において、支出先の氏名等を帳簿書類に記載していませんので使途秘匿金課税の適用は避けられないということになります。

【参考法令等】
措令38①②④（使途秘匿金の支出がある場合の課税の特例）

アドバイス　とりあえず帳簿書類には支出先の氏名等を記載せずにおき、税務調査の際に支出先の氏名等を調査官に明らかにして使途秘匿金課税を免れようというような対応は認められません。

6-5 税務調査による支出先の解明

 当社は、ある大口取引に対する受注謝礼金として関係者に謝礼金500万円を支出しています。

当社は、相手先に課税関係が及ぶのを避けるため、帳簿上、この謝礼金の支払先を明らかにせず、税務上、使途秘匿金として処理し、損金不算入の手数料として申告加算するとともに、支出額の40％を税額加算して申告を行っています。

ところが、今回、税務調査があり、調査官は、当社が使途秘匿金として処理した謝礼金の支出先の解明を行い、相手方に対する課税も行おうとしています。

このような支出先の解明は認められるのでしょうか。

 たとえ使途秘匿金として処理していたとしても相手先の解明は行われます。

解説

使途秘匿金課税制度は、支出の相手方を明らかにできないような不明朗な支出を抑制するために設けられたものであり、支出した法人が、真実の所得者である相手方に代わって課税を受けるという代替課税ではありません。

使途秘匿金課税がなされている支出についても、税務職員の質問検査

権は及ぶものとされています。

　したがって、たとえ支出した法人が、相手方を明らかにできないという理由から、使途秘匿金課税を行っているような支出についても、税務調査の際は、相手方の解明が行われる可能性は十分考えられます。

　そして、調査により相手先が判明したような場合には、当然、その相手先にも課税が及ぶことになります。

【参考法令等】
措法62⑨（使途秘匿金の支出がある場合の課税の特例）

アドバイス　使途秘匿金課税制度は、その支出を抑制するために設けられたものであり、代替課税ではないこと、また、税務調査の際には、使途秘匿金に対しても、相手方の解明及び相手方に対する課税が行われる可能性があるということに留意する必要があります。

6-6

第三者を通じての支出

Q 当社はある新技術開発状況につき、ライバル会社であるA社の動向を探る必要があったため、A社の内部事情に詳しい某氏から情報を入手し、その情報提供に対する謝礼金を支出していますが、事情があり某氏の名前は明らかにできません。

そこで、使途秘匿金課税を免れるため、当社は、経営コンサルタントであるB氏にお願いし、B氏にいったん、支払手数料という名目で金銭を支出し、直ちにB氏から某氏に同額を支払ってもらうことにしました。

当社の帳簿には、コンサルタントであるB氏に手数料を支出した旨の記載がなされているので使途秘匿金課税制度の適用は受けないと解してよいでしょうか。

A B氏経由で某氏に支出した手数料については、使途秘匿金課税制度の適用を受けます。

解説

使途秘匿金課税制度は、法人が金銭の支出の相手方の氏名、住所等をその帳簿書類に記載されていない場合に適用されますが、これらの事項が帳簿書類に記載されていても、その金銭の支出が、その帳簿書類に記載された者を通じて、他の、その氏名、住所等を明らかにできない者に支出されたと認められるものは、その相手方の住所、氏名等が当該法人

の帳簿書類に記載されていないものとされます。

本事例の場合、ダミーであるＢ氏の氏名、住所等が帳簿書類に記載されていたとしても、その先の実際の支出先である某氏の氏名、住所等が明らかにされない限りは、使途秘匿金課税が行われることになります。

【参考法令等】
措法62⑤（使途秘匿金の支出がある場合の課税の特例）
措令38③（使途秘匿金の支出がある場合の課税の特例）

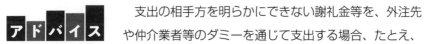

支出の相手方を明らかにできない謝礼金等を、外注先や仲介業者等のダミーを通じて支出する場合、たとえ、ダミーの氏名、住所等が帳簿等に記載されていたとしても、実質的な支出先を明らかにできないときは、使途秘匿金課税が行われることになります。

6-7

仮払金処理した使途秘匿金

当社は建設業を営む法人ですが、ある大口工事の受注に便宜を図ってもらった謝礼として某有力者に対し謝礼金を支出しています。

この支出額を当社は、費用処理せず仮払金として処理していますが相手先の名前等は相手先に迷惑がかかるので帳簿上明らかにしていません。

このように損金処理していない支出についても、使途秘匿金課税制度の適用を受け、その支出額の40％相当額の税額加算が必要となるのでしょうか。

法人が費用処理したかどうかにかかわらず、使途秘匿金を支出した期において課税を行う必要があります。

解説

使途秘匿金課税制度は、支出した相手方を明らかにできないような支出は違法、不正な支出につながりやすいため、このような支出を抑制するために設けられた制度です。

したがって、使途秘匿金を支出した時点で課税関係が生じることになり、仮払金、前払金、貸付金など費用以外の科目で処理されていても、それが使途秘匿金の支出に該当すれば、その支出した事業年度でその支出額の40％相当額の税額加算が必要となります。

第6章 使途秘匿金

なお、「金銭の支出」には、贈与、供与その他これらに類する目的のためにする金銭以外の資産の引渡しも含まれます。

【参考法令等】
措法62①（使途秘匿金の支出がある場合の課税の特例）
措令38④（使途秘匿金の支出がある場合の課税の特例）

使途秘匿金課税は、費用計上の有無にかかわらず、金銭等の支出時に生じるものであるということにご注意ください。

第7章

判例に係る事例

7-1 ドライブイン事件

Q 当社は観光地でドライブインを経営していますが、多くの観光バスが駐車しその乗客が飲食や物品を購入してくれることを期待して、当社のドライブインに観光バスが駐車するごとに、そのバスの運転手やバスガイドに、1回数百円のチップを手渡しています。

このチップについては、当社にバスを駐車し乗客を紹介した対価であるとして、交際費等ではなく紹介手数料として処理することは可能でしょうか。

A チップを支出する目的は、当社のドライブインにバスを駐車させる運転手等に対する謝礼であると認められ、交際費等に該当します。

解説

交際費等とは、交際費、接待費、機密費その他の費用で、法人が、その得意先、仕入先その他事業に関係のある者等に対する接待、供応、慰安、贈答その他これらに類する行為のために支出するものとされています。

本事例の場合、まず、ドライブインと観光バスの運転手やバスガイドとは、運転手等がそのドライブインで買い物等をする顧客を連れて来てくれるという関係から、ドライブインにとって利害関係を有する者であ

ると考えられます。

次に、ドライブインが運転手等に支払うチップは、今後も運転手等が貴社のドライブインにバスを駐車することを期待して支払われるものであり、顧客誘致のために行う運転手等に対する金銭の贈答と考えられます。また、運転手等がドライブインに顧客を連れて来たことに対する謝礼であるとも考えられます。

よって、本事例におけるチップの支払は、交際費等に該当します。

【参考法令等】
措法61の4⑥（交際費等の損金不算入）
措通61の4(1)-8（情報提供料等と交際費等との区分）

アドバイス　本事例の場合、例えば、その運転手等の所属するバス会社とあらかじめ、ドライブインへの乗客の紹介契約等を結び、あらかじめ定められた基準に基づく妥当と認められる紹介手数料を直接バス会社に支払うのであればその支払額は、販売手数料として処理できると考えられます。

なお、この事例については判例がありますので（東京高判昭和52年11月30日、行裁例集28巻11号1257頁、TAINS Z096-4092）、その判決要旨をご確認ください。

[判決要旨：東京高判昭和52年11月30日]
(1) 法人の支出が交際費等に当るとされるためには、その要件として、第一に支出の相手方が事業に関係のある者であること、第二に当該支出が接待、供応、慰安、贈答その他これらに類する行為のために支出するものであることを必要とするが、それ以外には格別、控訴人主張のような支出金額が比較的高額であることや冗費、濫費性を帯びていること等を独立の要件とすべきものとは解されない。
　また、当該支出が事業の遂行に不可欠なものであるか否か、定額的な支出であるか否か等の判断は、交際費等の認定に直接の必要性を有しない。
(2) ドライブインを経営する控訴会社ら同業者は、自己の経営するドライブイン

にできるだけ多くの観光バスが駐車することにより客が誘致され売上げを伸ばすことができるところから、駐車した観光バスの運転手等にチップとして現金を渡す慣行があり、今後も自己の経営するドライブインに駐車してくれるであろうことを期待して右の現金を渡し、運転手等もこれを期待していたもので、この現金は授受の当事者間でもチップ（心付け）と呼ばれ、のし袋に入れて交付されており、運転手に300円、そのほかバスガイドおよび添乗員にもそれぞれ100円および300円を交付していたのであって、そのようにして支出された本件手数料は、支出の相手方が控訴会社のドライブインに駐車した運転手等に限られ、右の支出により運転手等の歓心を買い今後も控訴会社のドライブインに駐車してくれることを期待するもので、客誘致のためにする運転手等に対する接待の目的に出たものと認めるのが相当であるから、交際費等に該当するというべきである。

(3) 運転手等は、観光客の便宜と安全性の確認等の目的のため、その業務の遂行として観光バスをドライブインに駐車させるのであって、運転手にどのドライブインに駐車するかの裁量権はあるにしても、運転手がそのドライブインからチップを支給されることの対価として其処に駐車し乗客を誘導するものとは直ちに認めがたいところであるから、その間に対価関係ありとして本件手数料が販売手数料ないし仲立的媒介手数料に該当するものとする控訴人の主張はにわかに採用しがたい。

(4) 不特定多数の者に対する宣伝的効果を意図する費用は、広告宣伝費の性質を有するから、それが接待のために支出された費用であっても、交際費等には含まれないと解すべきであるが、本件手数料は、控訴会社のドライブインに駐車した運転手等に対してのみ支給されるものであるから、その支給対象が不特定であるとはいえない。控訴会社は具体的に運転手等に宣伝の依頼をしていないことが認められるから、運転手等が原告のドライブインの宣伝を行っていたかどうかは疑わしい。また、手数料支出の事実を伝え聞いた他の運転手が控訴会社のドライブインにバスを駐車するに至ることがあるとしても、それは広告宣伝の効果と解すべきものではなく、チップの交付に附随した副次的効果にすぎないものであり、そのために本件手数料を心付けたる交際費等に当たると認めることを妨げるものではない。

7-2 英文添削料差額事件（萬有製薬事件）

Q 当社は医薬品メーカーですが、当社製品の納入先である病院の医師や研究者の研究発表を支援するために、その医師等が英語で作成した論文の添削を廉価で請け負っています。

当社は、この英文添削作業を海外の業者に外注していますが、その添削料は、医師等から受け取る添削料の数倍となり、その差額は当社が負担しています。

なお、当社が添削料の差額を負担しているという事実を、添削を依頼した医師等は知りません。

この添削料の差額負担分は、医師という当社と事業関連性を有する者に対する利益供与であるとして交際費等として処理すべきでしょうか。

A 医薬品メーカーが負担した添削料の差額負担分は、交際費等に該当しないものと考えられます。

解 説

交際費等とは、交際費、接待費、機密費その他の費用で、法人が、その得意先、仕入先その他事業に関係のある者等に対する接待、供応、慰安、贈答その他これらに類する行為のために支出するものとされていま

す。
　また、交際費等に該当するためには
① 「支出の相手方」が事業に関係ある者等であり、
② 「支出の目的」が事業関係者等との間の親睦の度を密にして取引関係の円滑な進行を図ることであるとともに、
③ 「行為の形態」が接待、供応、慰安、贈答その他これらに類する行為であること、
の三要件を満たすことが必要であると解されます。
　まず、①の「支出の相手方」の要件ですが、英文添削の依頼者が、当社製品の納入先である病院の医師等であることから、「事業に関係ある者」に該当すると判断されます。
　次に、②の「支出の目的」の要件ですが、本事例における添削料の差額負担の目的は、あくまでも病院の医師や研究者の研究発表を支援するということにあり、その差額を負担しているという事実も医師等は知らないわけですから、医師等との間の親睦の度を密にして取引関係の円滑な進行を図るという目的ではないと判断されます。
　最後に、③の「行為の形態」の要件ですが、病院の医師や研究者の研究発表を支援するという行為は、接待、供応、慰安、贈答その他これらに類する行為には該当しないと判断されます。
　以上のことから、本事例における添削料の差額負担に係る費用は交際費等には該当しないと考えられます。

【参考法令等】
措法61の4⑥（交際費等の損金不算入）

アドバイス　ある支出が交際費等に該当するか否かを判断するときは、上記3つの要件、すなわち、「支出の相手方」、「支出の目的」、「行為の形態」という要件につき検討が必要となります。

なお、この事例については判例がありますので（東京高判平成15年9月9日税資253号順号9426、判時1834号28頁、判夕1145号141頁、TAINS Z253－9426）、その判決要旨をご確認ください。

[判決要旨：東京高判平成15年9月9日]
(1)　租税特別措置法第61条の4に規定する「交際費等」が、一般的に支出の相手方及び目的に照らして、取引関係の相手方との親睦の度を密にして取引関係の円滑な進行を図るために支出するものと理解されていることからすれば、当該支出が「交際費等」に該当するというためには、①「支出の相手方」が事業に関係ある者等であり、②「支出の目的」が事業関係者等との間の親睦の度を密にして取引関係の円滑な進行を図ることであるとともに、③「行為の形態」が接待、供応、慰安、贈答その他これらに類する行為であること、の三要件を満たすことが必要であると解される。そして、支出の目的が接待等のためであるか否かについては、当該支出の動機、金額、態様、効果等の具体的事情を総合的に判断して決すべきである。
(2)　控訴人会社に英文添削を依頼する者には、研修医や大学院生などのほか、医療に携わらない基礎医学の講師や海外からの留学生も含まれており、措置法61条の4に定める「事業に関係のある者」に該当しない旨の控訴人会社の主張が、依頼者の中には大学の医学部やその付属病院の教授、助教授等、控訴人会社の直接の取引先である医療機関の中枢的地位にあり、医薬品の購入や処方権限を有する者も含まれていたことからすれば、全体としてみて、その依頼者である研究者らが、上記「事業に関係のある者」に該当する可能性は否定できない。
(3)　控訴人会社が英文添削業者に対して支払った外注費と、依頼者に請求した料金の差額（負担額）は、控訴人会社が、英文添削を取引先の医師等に提供するために必要な費用として、医薬品の販売に係る取引関係を円滑に進行する目的で行われたもので交際費に該当するとの課税庁の主張が、英文添削は、若手の研究者らの研究発表を支援する目的で始まったものであり、その後、差額負担が発生してからも、研究者らが、控訴人会社においてそのような差額を負担していた事実を認識していたとは認め難く、控訴人会社も上記負担の事実を研究者らあるいはその属する医療機関との取引関係の上で、積極的に利用していたとはいえないこ

と、また、英文添削の依頼者は主として若手の講師や助手であり、控訴人会社の取引との結びつきは強くなく、その態様も学術論文の英文添削費用のごく一部であることなどからすれば、英文添削の差額負担は、その支出の動機、金額、態様、効果等からして、事業関係者との親睦の度を密にし、取引関係の円滑な進行を図るという接待等の目的でなされたとは認められない。

(4) 交際費等の支出の目的が、接待等を意図するものであることを満たせば措置法に定める交際費に該当するとの課税庁の主張が、同目的が事業関係者等との間の親睦の度を密にして取引関係の円滑な進行を図ることであること、支出の基因となる行為の形態が、接待、供応、慰安、贈答その他これらに類するものであることとし、この接待等に該当する行為とは、一般的に見て、相手方の快楽追求欲、金銭や物品の所有欲などを満足させる行為であるのに対し、控訴人会社が行った英文添削の差額負担によるサービスは、学問上の成果、貢献に対する寄与であり、通常の接待等とは異なり、それ自体が直接相手方の歓心を買えるような性質の行為ではなく、上記のような欲望の充足と明らかに異質の面を持つことが否定できず、接待等の範囲をある程度幅を広げて解釈したとしても、学術奨励といった性格のものまでもそれに含まれると解することはできない。

7-3 オートオークション事件

Q 当社は会員制のオークションによる中古自動車の販売を行っていますが、オークション会場に足を運ばない会員の来場意欲を喚起し、最後までオークションに参加してもらうために、会場で抽選会を実施することとしました。

抽選会は、オークション会場において、当日1台以上自動車を落札した会員を対象にしてオークション終了時に抽選で豪華景品を贈呈するというものです（抽選時に会場にいない会員には景品の贈呈は行われません。）。

この、抽選会の景品購入に係る費用は、当社が受領したオークション代金の一種の割戻し的な性格を有するものですので、交際費等に該当しないと考えてよいでしょうか。

A 抽選会の景品購入費用は、オークションの会員に対する贈答その他これに類する行為のために支出されたものであり、交際費等に該当すると考えられます。

交際費等とは、交際費、接待費、機密費その他の費用で、法人が、その得意先、仕入先その他事業に関係のある者等に対する接待、供応、慰安、贈答その他これらに類する行為のために支出するものとされていま

す。

　本事例では、このオークションに参加できるのは、貴社の会員のみであることから、対象者は「事業に関係のある者」に限られています。

　また、この費用は、得意先等の事業関係者に対する景品の贈答によって親睦の度を密にし、取引関係の円滑な進行を図る為に支出されたものであるといえます。

　よって、本事例における抽選会の景品購入費用は、交際費等に該当すると考えられます。

　なお、本事例における景品購入費用が売上割戻しに該当するのではないかという点についてですが、売上割戻金とは、販売促進のため得意先に対し、一定数量又は一定金額を一定期間内に買入れ、代金を決済した場合に支払う返戻額であることから、この景品購入費用はこれに当たらないということになります。また、不特定多数の一般消費者を対象とする広告宣伝費にも該当しません。

【参考法令等】
措法61の4⑥（交際費等の損金不算入）
措通61の4(1)-3（売上割戻し等と交際費等との区分）
措通61の4(1)-9（広告宣伝費と交際費等との区分）

　この事例については判例がありますので（東京高判平成5年6月28日、行裁例集44巻6-7号506頁、税資195号700、TAINS Z195-7149)、その判決要旨をご確認ください。

[判例要旨：東京高判平成5年6月28日]
(1)　交際費等とは、一般的にその支出の相手方及び支出の目的からみて、得意先との親睦の度を密にして取引関係の円滑な進行を図るために支出するものと理解されているから、その要件は、第1に支出の相手方が事業に関係のある者であること、第2に支出の目的がかかる相手方に対する接待、供応、慰安、贈答その他

これらに類する行為のためであること、にあるというべきである。
(2)　中古自動車の競売（オートオークション）における抽選会の景品購入費用は、①右費用の支出の相手方が右オートオークションの会員であり、控訴人会社の「事業に関係ある者」に限られていること、②右費用が、抽選会における景品の交付、換言すれば、贈答その他これに類する行為のために支出されたものであることから、交際費等に当たる。
(3)　中古自動車の競売（オートオークション）の抽選会における景品の購入費用は、売上割戻金の性質を有する支払奨励金であり、交際費等には当たらない旨の控訴人会社の主張が、売上割戻金とは、販売促進のため得意先に対し、一定数量又は一定金額を一定期間中に買入れ、代金を決済した場合に支払う返戻額であるから、右景品購入費用はこれに当たらないとして排斥された。
(4)　中古自動車の競売（オートオークション）の抽選会における景品の購入費用は、販売促進を意図しているものであり、販売促進費に該当し、交際費等には当たらない旨の控訴人会社の主張が、販売促進のために支出された費用であっても、それが交際費等の要件に該当するとして排斥された。
(5)　中古自動車の競売（オートオークション）の抽選会における景品の購入費用は、宣伝広告費に該当し、交際費等には当たらない旨の控訴人会社の主張が、宣伝広告費とは、購買意欲を刺激する目的で、直接又は間接に商品等の良廉性を広く不特定多数の者に訴えるための費用であるのに対し、右景品の購入費用の支出の相手方は右オートオークションの会員である事業関係者に限られているとして排斥された。

50音順索引

《あ行》

赤字申告法人　223
一括比例配分方式　128
医薬品メーカー　241
飲食費相当額　169
飲食物の詰め合わせ　161、207
売上割戻し（リベート）　46～53
営業補償金　131
英文添削料差額事件　241
オートオークション事件　245
親会社の役員や従業員　171、210

《か行》

絵画の贈答　24
会議費　104～107、187
株主総会対策　144
仮払金処理　234
カレンダー　74
観光地での会議　20
キャンペーン費用　78
クルーザーに係る減価償却費　139
慶弔規定　88
景品付販売　62
景品引換券付販売　64
結婚披露宴費用　99
健康診断費用（代理店従業員）　95
広告宣伝費　72～87
工場見学　80

控除対象外消費税額等　126、208
更正の請求　218
ご祝儀をもらった場合　18
10,000円基準　148～193、202
固定資産の取得価額　33、36
個別対応方式　128
ゴルフ会員権の譲渡損　112
ゴルフクラブの入会金　108
ゴルフクラブの名義書換料　110
ゴルフ場での接待　167
ゴルフや観劇、旅行等　206

《さ行》

サービス料・個室料　177
災害見舞金　135
座談会（出版業）　106
3,000円程度　9
事業関係者　12、42
事業年度ごとの選択　200
事業用資産　46
自社の飲食店での接待　22
使途秘匿金　222～235
地元対策費　129
社交団体の入会金　118
社葬費用　92
社内飲食費　210
謝礼金　68～71
修正申告　36、216
出向者に対する飲食費　212

248

少額物品　9、46
招待旅行費用（割戻金）　50
消費税等　26、31
商品券による売上割戻し　48
情報提供料　68～71
神社　42
親睦団体の会費　116
税込経理方式　26、32、189
政治家主催のパーティー券　44
税抜経理方式　26、31、126、189
青年会議所（JC）　115
税務調査　36、216、230
接待飲食費　196～219
創業記念品　90
送迎費　207
租税公課　124

《た行》

第三者を通じての支出　232
タクシー代　120、122
談合金　143
中元歳暮　159
抽出基準　11
抽選会の景品購入費用　245
帳簿書類　152、155、158、214、228
陳列ケースの寄贈　84
手帳　74
手土産代　163
特約店の従業員　60
特約店のセールスマン　58
図書カード（社名入り）　76
ドライブイン事件　238

《な行》

2次会　179
日照権侵害　129

《は行》

パーティー　18、175
パーティー券　44
販売奨励金　54～61
非課税取引　32
1人当たりの飲食費　151、153、183～193
不課税取引　32
福利厚生費　88～98
不正加担料　145
弁当の差入れ　161
補償金　129
保存書類　157

《ま行・や行》

見舞金　97
模型　66
モニター活動費用　86
役員給与　101

《ら行・わ行》

リベート　46～53、224
旅行費用　80
老人ホーム住人の招待　40
ロータリークラブ　114
渡切交際費　102
割戻率　52

〈参考文献〉

本書の執筆にあたり次の文献を参考にさせていただきました。

大澤幸宏編著『法人税関係措置法通達逐条解説』（財経詳報社）
大澤幸宏編『法人税基本通達逐条解説』（税務研究会出版局）
岸田光正著『調査事例からみた税務判断のポイントと対応策』（清文社）
『納税月報』（納税協会連合会）
駒崎清人、若林孝三他編『交際費の税務』（大蔵財務協会）
森田政夫著『問答式　交際費・寄附金等の税務と会計』（清文社）
西巻茂著『交際費課税のポイントと重要事例Q&A』（税務研究会出版局）
櫻井圭一著『判例裁決から見る交際費の実務』（税務研究会出版局）
守之会著『支出先別交際費判定の手引』（新日本法規）
渡辺淑夫、山本清次編『法人税基本通達の疑問点』（ぎょうせい）
岸田光正著『税務調査の重点項目』（税務研究会出版局）
山本守之著『法人税の実務』（税務研究会出版局）
山本守之著『法人税の争点を検証する』（税務経理協会）
『週刊税務通信』（税務研究会）

〈著者略歴〉

岸田 光正（きしだ　みつまさ）

昭和30年大阪市生まれ。昭和53年同志社大学商学部卒。同年大阪国税局入局。大阪国税局調査第一部調査審理課審理係長・主査、大阪国税不服審判所審査官等を経て、平成10年税理士登録。岸田光正税理士事務所開設。京都産業大学大学院法学研究科非常勤講師（平成21年～26年）、近畿税理会調査研究部副部長、研修部員を歴任。

現在、企業の顧問、研修会講師等を行う傍ら、近畿税理士会国際部員。

〈事務所〉

大阪市福島区玉川4－13－16

〈著書等〉

『調査事例からみた税務判断のポイントと対応策』（清文社）

『税務調査の重点項目』（税務研究会出版局）

『Q＆A実務減価償却』（大蔵財務協会）

『役員給与の「増額・減額」改定を巡る法人税実務Q＆A』〔共著〕（税務研究会出版局）

『計算例による新しい減価償却の法人税実務』〔共著〕（税務研究会出版局）

現在、『納税月報』（納税協会連合会）に「事例による法人税の税務調査対策」を連載中。

新版／厳選110問 交際費等の税務
― 誤りやすい項目と判断のポイント ―

2024年12月12日 発行

著　者	岸田　光正　Ⓒ
発行者	小泉　定裕
発行所	株式会社 清文社 東京都文京区小石川1丁目3-25（小石川大国ビル） 〒112-0002　電話03(4332)1375　FAX 03(4332)1376 大阪市北区天神橋2丁目北2-6（大和南森町ビル） 〒530-0041　電話06(6135)4050　FAX 06(6135)4059 URL https://www.skattsei.co.jp/

印刷：亜細亜印刷㈱

■著作権法により無断複写複製は禁止されています。落丁本・乱丁本はお取り替えいたします。
■本書の内容に関するお問い合わせは編集部までFAX(06-6135-4056)又はメール(edit-w@skattsei.co.jp)でお願いします。
■本書の追録情報等は、当社ホームページ(https://www.skattsei.co.jp/)をご覧ください。

ISBN978-4-433-71434-5